体育运动学校教材

心　理　学

体育运动学校《心理学》教材编写组编

人 民 体 育 出 版 社

图书在版编目（CIP）数据

心理学 / 体育运动学校《心理学》教材编写组编. -- 北京 : 人民体育出版社, 1998.07（2024.8重印）
体育运动学校教材
ISBN 978-7-5009-1563-8

Ⅰ. ①心… Ⅱ. ①体… Ⅲ. ①心理学-高等学校-教材 Ⅳ. ①B84

中国版本图书馆CIP数据核字(1998)第03246号

*
人民体育出版社出版发行
北京新华印刷有限公司印刷
新　华　书　店　经　销
*
787×1092　32开本　9.75印张　200千字
1984年6月第1版
1998年4月第3版　　2024年8月第40次印刷
印数：722,361—725,360册
*
ISBN 978-7-5009-1563-8
定价：30.00元

社址：北京市东城区体育馆路8号（天坛公园东门）
电话：67151482（发行部）　　邮编：100061
传真：67151483　　邮购：67118491
网址：www.psphpress.com
（购买本社图书，如遇有缺损页可与邮购部联系）

前　　言

为适应我国社会主义市场经济体制和教育、体育改革的需要，进一步提高体育运动学校的办学质量和效益，培养德智体全面发展的优秀体育后备人才和社会需求的中等体育专业人才，根据1996年全国职业教育工作会议有关精神和国家体委修订下发的《三年制中等体育专业教学计划》及体育运动学校教学大纲，从目前我国社会对中等体育专业人才的需求和体育运动学校的实际出发，我们在原体育运动学校教材及试用教材的基础上重新修订和编写了这套体育运动学校教材，供三年制体育运动学校学生使用，也适用于其他中等体育专业学校。

体育运动学校教材由国家体委群体司组织编写，编写领导小组组长：谢亚龙。副组长：裴家荣、田文惠。成员：李今石、丛明礼、史勇。

本教材是在1992年《心理学》教材第2版的基础上重新编写的。参加编写工作的有（按姓氏笔画排列）：浙江省体育运动学校胡桂英、北京体育大学梁承谋、武汉体育学院漆昌柱。全书最后由梁承谋串稿，并经北京体育师范学院刘淑慧教授审阅定稿。

体育运动学校《心理学》教材编写组

1997年7月

目　录

第一章　绪　论

[本章重点]

1. 心理现象可分哪些类别？

2. 为什么说心理是脑的机能，是人对客观现实的主观反映？

3. 心理学的任务是什么？

第一节　心理学概述

心理学是近代兴起的新兴科学。自1879年德国学者冯特（Wundt）在莱比锡大学建立世界上第一个心理学实验室以来，一百多年间，心理学在理论建设和实际应用两方面都获得了长足的进步，其分支涉及社会各个领域，与人们的生活、工作、学习紧密相关。它既是体育运动专业学生的基础理论课，又是青年人走向成熟的必不可少的文化背景修养课，所以，必须认真对待。

一、心理学的对象

心理学的历史表明，心理学是研究心理现象及其规律的科学，心理现象就是心理学的研究对象。

大千世界是不断运动变化着的。物理现象、化学现象、生命现象，五彩缤纷、层出不穷。心理现象则是更高级的现象，既是人们最熟悉的，也是宇宙间最复杂的。自有文明史以来，人类就怀着对自身心理的极大兴趣，不断探究，上下求索。

心理现象有别于一般的物质现象，它是精神的、观念的。近代科学研究表明，脑是动物神经系统的高级器官，心理是脑的机能，凡能形成条件反射的动物身上都有心理现象发生。意识现象是心理现象的最高级形式，它是人所特有的，也是人的心理有别于动物的主要特征。

人的心理现象，一般可分为两大类别。

（一）心理过程

这类心理现象所指的是人对客观事物各种属性和关系反映的具体形式。心理过程强调心理现象发生、发展、结束的时间特点，强调古今中外概莫能外的人类共同精神活动的特质，又可分认知、感情、意志三种层次。

1. 认知过程（又称认识过程）

是人类认知、识别事物，获得信息的一类形式，也是最基本的心理过程。它包括感觉、知觉、想象、思维、记忆等。

春天的早晨，我们在校园中锻炼，满目新绿，盈耳啁啾，嗅到清新的气息，触到道路的软硬……通过五官，我们获得对客观事物个别属性的种种感受，这就是感觉。仅凭感觉，我们只能有一个粗略、模糊的印象，并不能判别事物。当我们对事物多种属性进行感知，辨认出这绿的是青松、翠柳，鸣叫的是喜鹊、画眉，闻到的是雨后茉莉花丛散发的芬芳气息……这些就是知觉。感觉和知觉往往紧密地联系在一起，这就是感性认知。

感知过的事物在头脑中留下痕迹，在条件合适的情况下能够重新唤起：运动员回忆启蒙教练，大学生怀念儿时故乡……这些就是记忆。

根据头脑中已有的事物形象进行加工改造，如工程师设计新机器、文艺家塑造新人物、教练员编创新动作……这就是想象。

人不仅能直接反映个别事物，还能突破时间界限，间接地、概括地反映一类事物，如：医生根据症状、体征、化验指标判明疾病；科学家通过实验、测量，分析情况，提出理论假设。由此及彼，由表及里，透过现象，深入本质，这就是思维。

想象、思维属于理性认识，是较为高级的认知过程。

2. 感情过程

这是反映人类态度与内心体验的一类形式。在认识客观事物的过程中，人不是被动、呆板、冷漠的。“人非草木，孰能无情?”在认识客观世界的同时，人往往激起需要的波澜，产生某种态度，获得特定体验。人的喜、怒、哀、乐溢于言表，这是情绪；而深沉、内在、长久的亲人挚爱，不共戴天的仇恨，以及怜悯、倾慕、景仰……这是情感。

感情过程表现了客观事物与内在心理的相互作用，这是比认知更为复杂的心理过程。

3. 意志过程

这是人在活动中主观见之于客观的一类特殊反映形式。

人不仅能认识客观事物，产生态度和体验，而且还能自觉地确定目标，付诸行动，克服困难，达到既定目的。如在克服中长跑生理极限的拼搏中，在登山、探险历经艰险奔向终点的过程中，运动员坚定、沉着地创造出一个又一个人间奇迹，奏响一曲又一曲生命的凯歌，这就是意志过程。

意志过程是在意识水平上进行的，它充分体现了精神对物质的反作用，是心理反映的最高级形式。

认知、感情、意志三种心理过程在心理学中常简称为知、情、意。它们是既有区别又紧密联系的。感情、意志常常伴随认知过程而产生，而认知过程也总是受到感情、意志的影响。它们之间不断相互作用，循环往复，从而使心理过程由简单到复杂，由低级向高级发展、变化、加深。

在各种心理过程中还有一种普遍的意识现象，那就是心理活动的积极性水平，这就是注意。注意是在意识清醒的情况下对人心理活动的方向、范围、深度的描述。注意不是一种独立的心理过程，它是一种特殊的指向和集中的心理状态，是知、情、意三种过程共有的重要特征。

（二）个性

“人心不同，各如其面”，作为社会的一员，每个人的心理都有其独特的地方。所谓个性，就是个人典型的精神风貌。

人出生于世，起初只是一生物个体，不知经历了多少知、情、意的心理过程，反复接受客观外界的作用，接受社会的影响，不断发展自己，才成为社会的一员。

每个人，由于时代、地域、民族、传统等等的不同，由于社会分工各异，各自扮演着不同的社会角色。不同的生活际遇：或顺利，或复杂，或坎坷，或离奇……均为自己的个性增添独特的色彩。这类心理现象，对个人来说是较为稳定的，其变化不如心理过程迅猛，但就具体内容而言则是千差万别的。心理学主要从形式差别上来把握它们，结构上则分为三个系统。

1. 个性倾向性

这是个人参与自然、社会等实践活动的动力系统，是个人行动积极性的力量源泉。它对人的心理活动起着发动、调节、控制的导向作用，从精神上左右着人的追求与向往，支配、激励着人的种种活动与行为。

个性倾向性包括需要、动机、兴趣、爱好、理想、信念、价值观等，是个性中最活跃的因素。

2. 个性心理特征

这是个性中稳定的类别差异，它体现出个性结构中三个最突出的方面。例如，有的人聪慧，有的人迟钝，有的人有高度发展的运动才能，有的人有非凡的语言天赋，这是能力的差异。有的人热情冲动，有的人活泼机灵，有的人安静稳重，有的人敏感孤僻，这是气质的不同。有的人刚正不阿，有的人阿谀逢迎，有的人坚韧果断，有的人怯懦优柔，这是性格的区别。

能力、气质、性格的多种表现及不同结合，是造成个性差异的主要原因。

3. 自我意识调节系统

自我意识是人对自身的觉知与体察。它包括自我认识、自我体验、自我控制等等方面，是意识的最高层次。诸多个性因素，正是由于自我意识精密有序的调节，才不至于杂乱无章，而终成和谐、统一的整体。倘若自我意识障碍，轻则个性模糊，重则个性解体，甚至可能导致精神分裂等严重心理疾患。

个性是复杂的心理现象，正如世界上没有两片完全相同的树叶一样，世界上也没有两个个性完全相同的人。纵然是同一个家庭中成长的双胞胎，其性格、志趣、能力诸多方面亦是有差异的。个性差异是个人精神风貌集中而独特的表现，是我们认识个性的最佳切入点。

（三）心理过程与个性的关系

把心理现象区别为心理过程和个性两大类，这是从全人类的角度出发为心理学的研究划出了大的轮廓和范围。但是，不管什么心理现象总是在具体人身上发生的，就个人而言，两者是统一的整体，关系复杂，密切难分。

心理过程是基础。这是因为在个人身上，它是先于个性而发生的；就个人而言，各种心理过程是大量的、反复的，甚至是重叠进行的，在现实生活中，知、情、意甚至是交织在一起的，难以清楚区分。一个人从小到大，身上发生了数不清的种种心理过程，在量变到质变的运动中，才有个性的萌发。

个性是在各种心理过程的反复演历中，逐渐积淀、稳定、形成的。例如，一个人的感知总是很精细，记忆总是很清晰，想象总是很丰富，思维总是很敏捷，逐渐就形成了能力较强的个性特征。又如，一个人情绪总是很外露，态度总是很鲜明，意志总是很顽强，逐渐就形成明朗、勇敢的性格特征。人生的道路漫长而修远，在童年时期种种心理过程印刻的背景上，便隐隐显现出个性的雏形；在少年时期历经渐次复杂的心理过程中，已凸显出个性的大致轮廓；青年时期由于人生观的形成，其个性则线条清晰，轮廓分明，基本定型。

稳定的个性对各种心理过程不无影响，一个有沉静气质、坚毅性格的人，其心理过程多半是感知准确、思维有条理、善于控制情绪的人，一个多有冲动行为、性格粗犷、能力较强的人，其心理过程多半是感知主动、记忆迅速、思维独立的人。

二、心理学的任务及作用

研究心理现象及其规律，是心理学的任务。

辩证唯物主义认为，心理现象是人脑对客观现实的主观反映，心理学要具体研究各类心理现象对物质世界的依存关系，用科学的事实丰富和发展唯物主义认识论和辩证法，坚持在科学领域内反对唯心主义的原则斗争，这类问题的进展，将充分显示心理学的理论价值。

脑结构及其发展，脑内的物理、化学及生理变化对人的心理有什么作用？心理的变化反过来又对脑带来什么影响？对心理生理机制的研究无疑会加深我们对心理实质的理解，促进人们在世界难题——意识探索道路上的前进步伐。

研究各类心理现象自身的规律及彼此关系，这是心理学科研工作的重点。目前，尽管我们也认识到感受性的一般变化特点、遗忘的基本规律等等，但在思维、情绪、意志、个性等领域的基本水平还很肤浅。现实生活向心理学提出许多问题：如人工智能信息编码的原则，学生意志、性格培养的理想途径，运动员情绪控制的最佳模式……当今心理学还不能做出令人十分满意的回答。这些方面若有重大突破，无疑将大大提高人的实践活动效率。

研究人生不同年龄阶段的心理发展规律，是近年来心理学研究的热点。例如，早期教育如何与幼儿心理的实际水平相对应？如何排除青春期困扰年轻人的种种心理障碍？在激烈竞争的条件下，如何提高中年人的心理适应能力？如何根据退休老人的心理，安排他们的生活与休闲？……这些方面若有重大进展，无疑将提高人们的生活质量，提高心理卫生和健康水平。

三、心理学的门类

近代心理学有独立的学科体系，由于现实的需要及科学的发展，可划分为两大门类，众多分支。

（一）主干门类

这是研究心理学基本理论、方法及历史的学科群。是从事心理学工作首先要涉及的心理学基本知识，它可分为：

1. 普通心理学

是研究正常成人一般心理规律的学科。它规定着心理学研究最一般的原则，概括着已有的研究成果，讨论着心理学界共同的难题，评说着有重大影响的学派、理论及观点，是一切分支心理学的理论基础。

2. 实验心理学

是研究心理实验设计原理、仪器技术、数据处理等规律的学科。它是心理研究的重要方法学，是使心理现象研究客观化的重要手段，是一切分支心理学不可缺少的方法论基础。

3. 生理心理学

是研究心理现象生理机制的学科。它努力探索心理产生的物质本体，着重研究脑内心理变化与生理变化的关系，力图揭示与心理发生、功能变化密切相关的脑的解剖、生理、生化基础。

4. 社会心理学

是研究个体及群体在社会条件下的心理现象及其规律的学科。社会态度、人际关系、团体气氛、角色认知等等均是其要探讨的问题，范围涉及人类社会生活的各个方面。

5. 心理学史

是研究各种心理学思想及流派的形成、演变及发展规律的学科。了解过去是为了更好地认识现在，预见将来。它将提高人们的认识深度，以便宏观地、历史地把握各类心理现象。

（二）应用门类

这是研究心理学在不同类别人群实践活动领域中应用的学科类群。研究具体的心理学问题，无疑将大大提高人们的活动水平，改善工作效率，有明显的实用价值。

1. 教育心理学

是研究学校教育、教学过程中的心理现象及其规律的学科，是应用最广的重要心理学分支。它包括学习心理、学科心理、德育心理、教师心理等内容，是教育工作者必须掌握的基础知识之一。

2. 发展心理学

是研究个体发展过程中心理演变规律的学科。狭义的发展心理学主要研究儿童及青少年，广义的发展心理学则研究从胎儿到老年。发展心理学研究年龄特征、关键期、人与动物心理的比较等相关问题。

3. 医学心理学

是研究个体异常心理的诊断、机理、防治等规律的学科。它包括临床心理、变态心理、心理卫生、心理咨询、心理治疗等内容。

4. 劳动心理学

是研究个体在劳动过程中特有的心理现象及其规律的学科。人一机关系、工程心理、职业心理、管理心理等等都是该分支要研究的问题。

5. 体育运动心理学

是研究人在体育运动中特有的心理现象及其规律的学科。体育对身心健康的作用、运动员选材、运动心理训练、竞赛前后心理调整等都是该学科关心和研究的内容。随着时代的发展和进步，体育运动心理在现代体育运动中的作用将越来越明显。

属于应用门类的还有艺术心理、军事心理、司法心理、商业心理等等。凡是有人的地方，均有心理学的应用问题。随着人类实践领域的扩大，心理学的应用将日益广阔。

四、心理学的研究原则与方法

心理现象是每个人都有所认识的，每个人都或多或少地具备一些心理常识。但是，常识并不等于科学，生活经验的积累并不能代替有目的的科学研究。

心理现象瞬息万变，错综复杂，常使一些研究者望而却步，这也是心理研究长期滞后的重要原因。但辩证唯物主义告诉我们：心理现象作为精神现象是主观的，但它依凭的物质本体及源泉却是客观的，只要研究者认真探寻，不断求索，它的规律就可以被发现，被认识。

（一）研究心理学的原则

1. 客观性原则

这包含有两方面的意义。一是说，研究人的心理，必须依据他人可以从外部进行观察和测量的事实；二是说，在研究中，必须把被试的主观体验与事实严格区分开来。只有这样，才能去掉主观臆断和附加成分，实事求是地得出科学结论。

2. 系统性原则

人的心理是一个复杂的巨系统，研究任何一种心理现象，都要考察内、外因素的相互关系，分析它在心理整体中的层次和位置，综合它的动态、变化特征及发展趋势，避免孤立地、静止地、割裂地研究问题。

3. 教育性原则

研究人特别是研究学生，是为了改进教育、教学质量，提高人的基本心理素质，有利于人更好地成长。我们决不能为研究而研究，更不能因研究损害学生的身心健康。时刻注意自己是教育者，这是研究人员必须具有的明确的意识。

（二）心理学的研究方法

1. 观察法

是在日常生活条件下，通过对被观察者外部行为的了解，研究其心理现象的方法。观察法一般不需特殊的仪器设备，只要有心，便可从事，简单易行是其特点。观察时由于被观察者正常生活不受干扰，常常也不知道自己被人研究，心理现象自然流露，有较大的真实性是其优点。可是，正因为听其自然，观察只能被动等待，且由于没有控制条件，对于观察得来的现象很难进行因果分析，这是其不足的方面。

观察法在心理研究中应用范围很广。只有做到目的明确、态度客观、长期细致、准确详尽，才能收到预期效果。

2. 实验法

这是人为地控制或创设一定条件、有目的地主动引起被试者某种心理现象而进行研究的方法。由于条件可控，实验可以重复进行，可以积累众多数据，不仅进行相关分析，而且能进一步做因果分析，这是其最突出的优点，也是观察法难以进行的。但是，由于实验总是在人为控制条件下进行，被试者明白自己被人实验，其心理现象很易失真。另外，实验需要一定的仪器、场地，有时对被试者还有特殊要求，因此是不容易进行的。

尽管如此，实验法的严格性、客观性仍然受研究者青睐，在近代心理学研究中，其使用有越来越多的趋势。

心理学的研究方法还有许多，如问卷法、测验法、模拟法等等，因为均是由观察、实验两法演变而来，就不再一一列举了。

由于心理现象的复杂性，通常的心理学研究，都不拘泥于一法，而是根据研究问题的要求、研究对象的特点，几种方法结合运用。

第二节　心理的实质

古往今来，人们对自身的精神现象都怀着极大的兴趣。它是如何发生的？它与身体及外部世界有什么关系？心理的实质究竟是什么？面对这一复杂的与哲学密切相关的重大问题，几千年来，唯物主义和唯心主义存在着原则的区别。

各种唯心主义都认为精神第一性、物质第二性，这必然导致承认“无头脑思维”的存在，显然不能正确地解释心理现象。

唯物主义是与唯心主义完全对立的哲学，它承认物质第一性、精神第二性，认为精神是物质的属性。

唯物主义的发展经历了漫长的过程，朴素唯物主义、机械唯物主义、庸俗唯物主义都不能解释为什么只有大脑这种物质才能产生精神现象，不能解释精神现象质的多样性，找不到人与动物心理的本质差别，从而使自己在与唯心主义的斗争中，常常处于软弱无力的地位。

19 世纪中叶兴起的辩证唯物主义是唯物主义发展的高级阶段，是迄今为止人类对宇宙及其规律最完善、最正确的认识，是包括心理学在内的一切科学的哲学基础。

辩证唯物主义认为，宇宙间除了永恒运动的物质之外，没有其他本源。物质是不断从低级向高级发展的，其运动形式也是不断发展的。辩证唯物主义认为，心理是脑的机能，是客观现实的主观反映。

一、心理是脑的机能

现代科学研究的无数成果证明，脑是产生心理活动的物质器官，心理是脑的高级机能活动。

（一）没有脑便没有心理活动

人类患水脑畸形的新生儿，大脑内充盈液体，皮质极薄，大脑半球大部分缺损，类似无脑儿。这种孩子外观尚属正常，但几乎谈不上心理的发展变化，一般在数日内死亡，很少能生存两个月以上。生理心理实验证明，一只伶俐的小狗若是切除大脑皮层，那么，它过去形成的复杂行为、反射都会消失殆尽，成为既不能寻觅食物，又不能躲避有害刺激的“活尸”，倘若继续破坏延脑，那么生命也会停止，再简单的心理活动也不能进行了。

（二）心理活动与脑的发展水平相适应

苏联心理学家拉得吉纳—科特斯（Ладыгина-Котс）曾经把刚出生的猩猩幼仔与自己刚出生的婴儿放在一起养育，但不管提供多么完善的条件，也不管进行多么良好的训练，猩猩终归是动物，不能学会口头语言，其心理不可能如人一样发展。目前美国还有不少科学家在训练猩猩学习人的口语，但都未能获得成功，这说明，动物的脑与人脑有很大差别，动物不可能产生完全与人一样的心理活动。

即使是人类本身，脑所处的发育阶段不同，其心理活动也是有差别的，两三岁的幼儿不可能有复杂的抽象思维活动，成年人由于受成熟的自我意识调节，也不会再把椅子当车开、拿棍子当马骑。

（三）心理活动与大脑内理化活动密切相关

脑电图研究表明：正常人在进行思维活动时，原来安静时频率为8～12次/秒、振幅为20～100微伏的α波消失，代之以频率为14～30次/秒、振幅为5～20微伏的β波，在困倦和情绪紧张时，则出现频率为4～7次/秒、振幅为100～150微伏的γ波。

近年来国内外动物心理实验表明，对白鼠进行走迷宫等学习训练，一定时间后，发现白鼠脑内核糖核酸（RNA）、乙酰胆碱（ACH）等遗传物质、神经介质均有量的改变。

（四）某些心理活动与大脑一定区域有对应关系

生理学与解剖学的研究表明：右偏手的人左侧大脑半球额下回后部是布罗卡（Broca）运动性言语中枢，此区受损伤，就会导致运动性失语症。这种病人可以看懂文字，听懂别人讲话，发音器官也完好正常，就是不能用口语表达自己的思想。左半球颞上回后部是维尔尼克（Wernicke）听觉性言语中枢，这一区域受损伤，病人可以说话、书写并看懂文字，也能听到别人的发音，但就是听不懂别人说话的含义。

二、心理是人对客观现实的主观反映

辩证唯物主义认为，脑的存在只是提供了心理产生的可能性，仅仅是一个物质前提而已，再健全的脑也不会自发地产生心理现象。心理产生的根本原因在于客观事物对脑的刺激，而心理正是脑对客观现实反映的结果。

（一）心理是脑的高级反映机能

辩证唯物主义认为，世界上运动着的物质是相互影响的，物质间相互作用并留下痕迹，这就是反映。苹果落地，水的蒸发，这是位置和形态的变化，是物理反映。酸和碱在一起生成盐和水，这是分子结构的改变，是化学反映。葵花向太阳，根朝地下有水的方向生长，这是感应性，是生物反映。总之，反映是一切物质的基本属性，是普遍存在的。脑作为一种发展完善的高级物质，当然也不例外。脑除了有物理、化学、生物的反映外，还有心理这种高级反映功能。客观事物作用于人的感觉器官，脑就产生感觉、知觉，进而产生思维、感情、意志、记忆、个性等心理现象。

（二）心理是对客观现实的主观反映

人的心理现象，不论是简单的还是复杂的，就其内容而言都是对客观事物的摹写和描绘，它与所反映的事物是相像的，但仅是像而已。客观事物是物质的，心理现象是观念的，观念并不是物质本身，只是对它的反映。在观念中，主体的生活经历，所受教育以及个性等等都对当前事物有一定的“折射”和影响。例如，解放初期，汽车和飞机初次开到拉萨，对于从来没有见过汽车和飞机的藏族同胞来说，他们认为这是飞奔的“牦牛”和吉祥的“大鸟”，弄来许多酥油、糌粑和青草，要喂食这些“圣洁的动物”。因此，同样的一个事物，“仁者见仁，智者见智”就是这个道理。辩证唯物主义认为，人对客观现实的心理反映中又包含有主观因素，心理是人对客观现实的主观反映。不管正确的反映还是错误的反映，均是如此。

承认人的心理有主观的一面，既不是否定其客观性，更不是说人的心理是对客观事物的主观臆断，可以随心所欲地任意加减，这只是强调人的心理总是受到过去的影响，带有个人特点而已。由于各自的经验千差万别，那么，不同的人对同一事物的主观映象参差不齐就是不奇怪的，是完全可以理解的。

（三）人的心理现象的产生不能脱离社会实践

辩证唯物主义还认为，人的心理是在实践中发生、发展的。人的实践，特别是劳动实践带有明确的目的性，人在劳动中逐渐认识事物的现象和本质，对客观事物产生一定的态度，并表现出克服困难的意志活动。

正常人心理的产生，与社会实践密不可分。离开了人的社会实践，纵然有一副人的头脑，也不能产生正常人的心理。1921 年在印度加尔各答郊外发现的狼孩一事，就是最好的例证。被狼养育的两个女孩卡玛娜和阿玛娜，从小脱离人类社会与野狼为伍，当她们刚刚被拯救的时候，只会嚎叫不能言语，只会撕抓不能劳动。她们四肢着地，昼伏夜行，怕光怕水，生吞活剥，与野兽毫无区别。虽经耐心教育，仍不能很好适应社会而过早死去。目前，世界上已发现了几十例由豹、熊、猴、猪等动物养育的孩子，情况和结局都差不多。

（四）人的心理现象受社会历史条件制约

人的心理发展不仅不能脱离社会实践，而且明显地受到社会历史条件的制约。一个人所处的时代不同，具体生活环境不同，心理活动也势必有所不同。正如鲁迅所说的那样：煤油大王哪知北京捡煤渣老婆子的辛酸，《红楼梦》中贾府的焦大也不会爱林妹妹的。在阶级社会中，每一个人都在一定的阶级地位中生活，阶级、集团的观念、意识必然会对个人的心理产生复杂的不可忽视的影响。

三、脑的反射活动是心理的生理机制

人体是一个统一的生物有机体，从生理功能的区别上可分为运动（骨骼肌肉）、呼吸、消化、血液、循环、泌尿、生殖、感觉、内分泌及神经 10 个系统。神经系统是与心理活动最为密切的部分，脑是其中最重要的器官。

（一）神经系统概述

神经系统可分为两大部分。

中枢神经系统由脑和脊髓构成。大脑是最高级的部分，是心理活动的重要器官，其余部分统称皮下神经中枢，主要调节控制与维持生命有关的生理活动。皮下中枢的活动受大脑皮层高级神经活动的调节和支配。

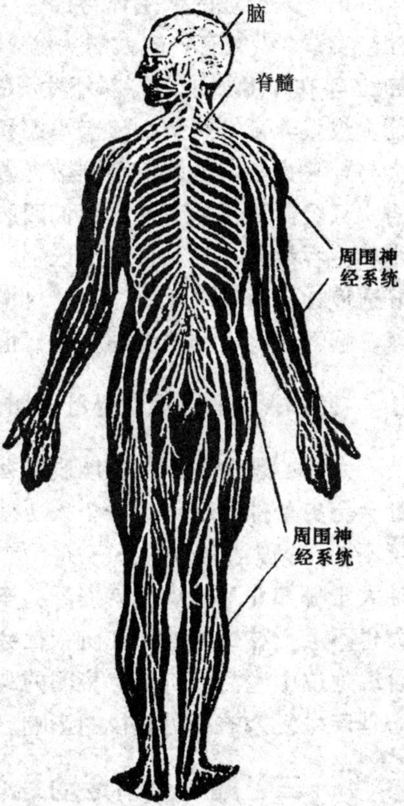

图 1-1 人的神经系统

周围神经系统是中枢神经系统的外围延伸。由脑干发出的 12 对脑神经和脊髓发出的 31 对脊神经构成。它包括两类神经纤维，一类将从感觉器官得到的神经冲动传向中枢的传入神经纤维；另一类则是将中枢发放的神经冲动传向效应器官（如肌肉、腺体等）的传出神经纤维。周围神经起联络作用，使人体内外信息得以传递和沟通。

（二）大脑的结构及功能

人脑分为大脑、脑干（包括间脑、中脑、脑桥、正脑）和小脑三部分。大脑是神经系统的核心部分，是心理活动最主要的器官。

大脑分为左右两半球，由胼胝体相连接。其表面是呈浅灰色的大脑皮层，平均厚度为 2.5 毫米，由 140 多亿个神经细胞以 6 种层次联结组成，展开的表面积达 2200 余平方厘米。

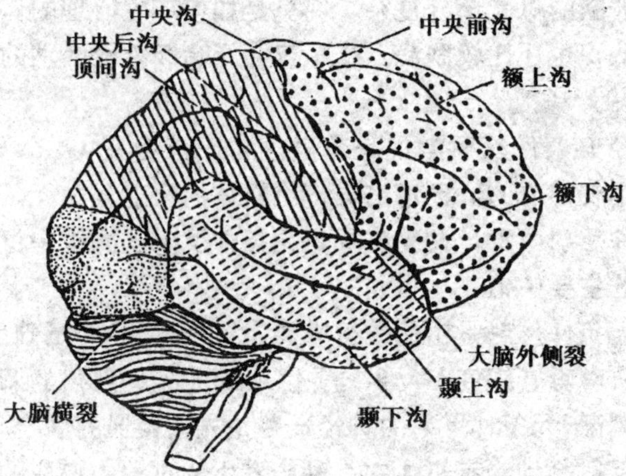

图 1-2　右侧大脑半球外侧面

大脑皮层皱褶往复，向下凹陷成裂、成沟，向上突隆成回。每一半球被中央沟、顶枕裂、外侧裂分为额、顶、枕、颞四叶。现代科学研究表明，皮层上一定部位与某些生理、心理机能有着对应关系。例如中央前回是运动区，中央后回是感觉区，颞上回中部是听区，距状裂两侧是视区。近代“割裂脑”研究结果表明，大脑两半球功能是有明显差异的。左侧大脑半球在言语表达、数学运算、逻辑思维方面有明显优势；而右侧大脑半球在空间定向、图形认知、形象构思等的识别和表达方面有明显优势……大脑各部分之间都有不同层次和多种水平的直接或间接的复杂联系，由皮层发出的各种神经纤维还直接或间接地与各级皮下中枢、系统、器官发生联系，协调各种生理、心理活动，控制全身，充分显示了以特殊方式组织起来的高度完善物质的特点。

大脑的机能十分复杂，究竟是如何产生心理的，迄今人们的认识也还比较肤浅，这里仅介绍高级神经活动的条件反射学说。

经典条件反射学说是苏联学者巴甫洛夫（Д авлов）在本世纪初建立的。巴甫洛夫把有机体的反射分为无条件反射和条件反射两种，大脑皮层是无条件反射的高级中枢和条件反射的主要中枢。

无条件反射是由遗传得来的，是不学而会的基础反射，如吸吮、咳嗽、探究等反射均是。引起无条件反射的刺激叫无条件刺激，无条件反射的神经通路是先天接通的固定联系。无条件反射是动物有机体在其种族发生的过程中形成的，往往具有刻板和固定的性质，是条件反射形成的基础。

条件反射是有机体在后天生活环境中，由于无关刺激与无条件刺激多次结合，并成为它的信号时引起的反射。在实验室中（见图 1-3），巴甫洛夫用铃声这个无关刺激与食物这个无条件刺激结合，多次强化，最后用铃声引起狗唾液分泌就是典型例子。

条件反射的神经通路是大脑皮层上原来无关兴奋灶之间暂时联系的接通。如果一种条件反射已经巩固地建立，那么，再使另一个新的无关刺激与之结合，则可建立二级条件反射。同理，还可建立三级条件反射。

巴甫洛夫认为，条件反射暂时神经联系的拓通虽是生理现象，但其所揭示的刺激物的信号意义则又是心理现象。至

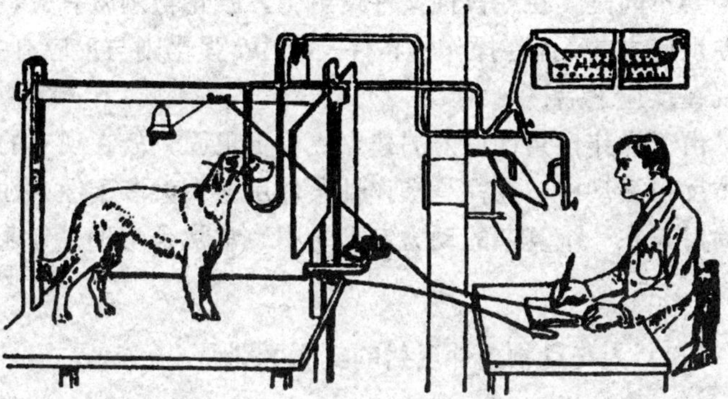

图 1-3　狗的条件反射

于生理活动如何转化为心理活动，这是生命科学上的重大问题，也是人类认识史上尚未揭晓的深刻奥秘，有待人们进一步研究。

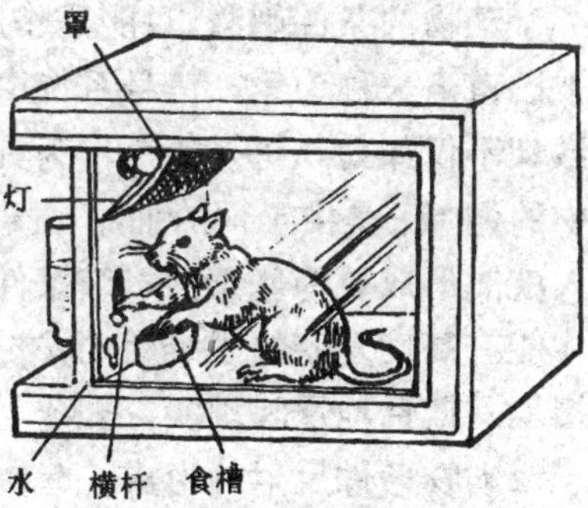

图 1-4　白鼠的操作性条件反射

操作性条件反射是有机体通过自己的活动和操作而形成的条件反射。它是本世纪 30 年代美国学者斯金纳(Skinner)研究提出的。斯金纳用饿鼠在特定的仪器箱中做取食实验（见图 1-4）。当饿鼠踩中杠杆便会自动落下一粒食物，用这样的方法进行多次强化训练，饿鼠便学会了踩杆取食，形成这种条件反射。

经典条件反射与操作性条件反射的形成均以强化为前提，反射随强化次数增多而巩固，随强化减弱而消退，两者的主要不同是，在经典性条件反射中，强化与刺激有关，出现在反应之前，而在操作性条件反射中，强化则与反应有关，出现在反应之后。

由于操作性条件反射的建立更快更巩固，故在现实的有机体反射活动中，往往是操作性条件反射大大多于经典性条件反射，在一个复杂的动力定型之中，常常是两种成分兼而有之。

（三）人与动物条件反射的实质区别

从生物学的角度看，人类是由动物进化来的，人的心理活动尽管非常复杂，但其生理机制仍然是一系列的条件反射。

可是，人不仅是一个生物个体，更重要的是一个社会的人，有语言，有思想，因而其条件反射与动物的条件反射有着质的差别。

动物的条件刺激，只能是作用于感觉器官的具体事物，即被巴甫洛夫称为第一信号系统中的那些内容，而人的条件刺激却不仅如此，更多的是作为具体刺激标志的第二信号系统中的词，正是由于词的抽象、概括的特性，以词为条件刺激，人就能形成更为复杂的多级条件反射。正是凭借这一点，人才能有高度复杂的思维活动，才能摆脱时、空条件的束缚，间接地、概括地反映现实。

动物条件反射的形成，起决定作用的是刺激物的生物学意义。对人类来说，条件反射的形成主要取决于刺激物的社会意义，古往今来，多少仁人志士为了信念和理想，出生入死、舍生取义就是最有力的证明。

动物的条件反射，不管是多么复杂和精确，只具有顺应环境的意义，而人的条件反射不仅可以顺应环境，更重要的是起着主动认识事物、自觉改造世界的作用。

第三节 意识及特征

一、意识概述

人的心理和动物的心理最大的不同点，是人有自觉的心理活动，这就是意识。人在与客观事物发生作用的时候，不仅可以反映客观事物，认识到客观事物的存在，而且认识到自身的存在，以及自己与客观事物之间的关系。

人的意识是人脑高度发展的体现，它与人有发达的第二信号系统有关，往往是借助语言而实现的。意识是心理现象最高级的形式，它是人所特有的。

人类意识的产生则是进化的产物。从森林古猿到人，其间经历了千百万年漫长的历史过程。直立行走促成了手的解放,使用工具的劳动使人类祖先认识到劳动的目的和结果,集体劳动导致的彼此交往的需要，促使语言的产生，语言的产生使意识获得了最恰当的标志，语言是意识发展最直接的原因。

二、意识的基本特征

（一）意识的可觉察性

有意识的人在与客观外界的作用之中，不仅能对刺激物发生正常反映，而且能清晰地觉知到客观事物的存在、自身的存在，两者关系的存在，这就是意识的可觉察性。

意识的可觉察性，是人类心理与动物心理最基本的区别。因为，不管多么“聪慧”的动物，在对客观世界的反映之中，都是把事物、自身及其关系混淆在一起的。马戏团的猴子不会自己解绳子逃走就是典型的例子。动物的行为不管多复杂，仅仅受本能的驱遣，不可能有明确的自我把握。而有意识的人，由于意识的可觉察性，就能对自己的行为进行自觉的调控，使人的心理反映更准确、更稳妥、效率更高。

（二）意识的能动性

有意识的人在对客观世界的反映过程中总是积极、主动、有目的、有选择的，这就是意识的能动性。那些对主体有重大社会意义的事物，总是首先被人意识到，首先被挑选。由于意识的能动作用，人可以不受事物表面现象的迷惑，能主动地透过现象看本质，抓住事物的固有规律，进行本质性反映。

意识的能动性，更表现在有目的地主动改造客观世界的活动之中，表现在一系列的计划制定、决定执行、困难克服的意志行动之中。运动员为国争光的刻苦锻炼、奋力拼搏行为，就充分体现了意识的能动特点。

意识的能动性最充分地表现了主观对客观的反作用。意识的能动性并不是神秘不可测的，它是人对客观现实反映的间接性、深刻性的表现，它仍然服从于物质第一性、意识第二性的规律，仍然要受客观事物运动变化规律的制约。

（三）意识的社会制约性

意识是在劳动中产生的，劳动不同于其他的活动，一开始就具有集体、社会的性质。意识一产生，就受到社会属性的制约，脱离劳动、脱离人类的社会生活，就使卡玛娜、阿玛娜那样的悲剧不可避免了。

人类社会是在历史的变革中发展、变化的，意识的社会制约性必然影响意识的表达形式及具体的内容。在不同的历史阶段，在不同的社会层次中的人，其意识也是具有明显差别的。

个体意识的发生与遗传、生理成熟有不可分割的关系，但更与个体的社会生活环境以及所经历的亲身实践密切相关。社会意识给个体意识以巨大影响，反之，个体意识又不断评价、左右、丰富着社会意识，特别是杰出人物的个体意识，往往给社会意识以不可估量的影响。

三、人类心理社会化

一个人一出生，就被置身于一个具体的家庭环境之中。家庭是社会的细胞。民族、国度、时代、文化等等社会因素都首先通过家庭作用于人。每一个社会都有自己的政治、道德标准，人生价值体系；每个社会也都有自己特点的生活规范、民俗习惯。随着一个人身心的成长，意识的健全，随着上学就业，人会进入更多的社会群体，这些因素的影响就越明显。每个社会成员逐渐懂得，什么是社会提倡的，什么是社会否定的，每个社会成员都以自身独特的方式对这些做出反应，从而更进一步地介入社会，认识理解各种社会关系，掌握更多的社会经验，丰富、完善作为社会成员的自己，这是个人心理社会化的第一个方面。

个人对各种社会因素的作用绝不是消极被动的承受，而是一种积极、主动的反应。人在积极主动的活动之中，不断提高认识，扩大活动范围，提高从事某项活动的能力。人的活动往往又是在社会交往中进行的。交往不仅是不同个体社会联系的方式，而且也是个体本身发展的方式。作为社会的一员，每个人都在交往中交流信息，形成思想，识别反省，相互影响，每个人还在交往中运构各种社会关系，主动作用于社会环境，这是个人心理社会化的第二个方面。

人类心理的社会化与心理过程有关，但更重要的是与个性的形成、发展有关。在某种意义上可以说，人的心理社会化就是个性化。

个人心理的社会化有时是潜移默化进行的，但更多的时候都是有意识、有目的地进行的。每个人都可以在自己先天素质的基础上，在积极的社会实践活动中，创造性地发展自己，努力成为个性鲜明、精神健康的人。

个人心理社会化贯穿整个人生，各个时期都有其独特的任务，各任务之间都有先后联系、继承的关系。一个人生理与智力的发展到青年期就达到顶点，但心理社会化还在继续发展着，这是值得注意而不可忽视的问题（见表 1-1）。

表 1-1　人生主要时期发展任务概略

时　期	任　　务
幼儿期	1. 学习行走。 2. 学习说话。 3. 学习摄入固体食物、控制大小便。 4. 获得生理上的基本安定。 5. 形成有关社会与事物的简单概念。 6. 与家人、与其他人密切接触建立感情。 7. 懂得脾气好坏，学习自我控制及调节。 8. 区分善恶。

续表

时期	任务
儿童期	1. 学习游戏必需的动作技能。 2. 学习性别定位、和同伴建立良好关系。 3. 培养于自身有利的良好习惯及健康态度。 4. 发展读、画、写、算基础能力。 5. 发展日常生活概念。 6. 建立基本的道德及价值判断标准，区分美丑。 7. 发展基本社会态度。 8. 发展个性独立性。
青年期	1. 认识自己的生理结构，有效保护身体。 2. 学习男性、女性社会角色，发展同年龄男女的新的交际。 3. 从父母及其他成人处学习独立地体验情绪，发展高级情感。 4. 发展作为公民所必需的知识与态度。追求有社会价值的行为并努力实现之。 5. 区分真假，建立作为行动指针的伦理、价值体系。 6. 准备选择职业。 7. 有信心实现经济独立。 8. 做结婚及组织家庭的准备。
成年期	1. 就职。 2. 肩负公民的义务及责任。 3. 选择配偶、结婚。 4. 建立家庭，学习与配偶共同生活。 5. 家庭中孩子出世，学习教养孩子。 6. 管理家庭。 7. 寻找合适的社会团体，积极参与社会生活。 8. 建立相应的社会关系。

续表

时期	任务
中年期	1. 建立一定水平的经济生活，并维持之。 2. 帮助十多岁的孩子度过青春期，成为一个被人信赖的、幸福的成人。 3. 承担公民的社会责任。 4. 努力作出有社会意义的创造性的贡献。 5. 充实成人的业余生活。 6. 照顾、孝敬年迈的双亲。 7. 接受并适应中年期生理、心理的变化。
老年期	1. 适应体力与健康的衰退状况。 2. 适应退休与收入的减少。 3. 适应配偶的死亡。 4. 承担公民的义务。 5. 降低对物质生活的欲求。 6. 与年龄相近的人建立快活而亲密的关系。 7. 以正确态度面临人生终结。

[练习]

一、解释

心理学　心理过程　个性　意识　条件反射

二、填空

1. 人的心理现象丰富多彩，一般可分为________和________两大类；心理过程包括________、________和________三大过程。

2. ________年，德国心理学家________在莱比锡大学建立世界第一个心理实验室，标志着心理学成为一门独立的科学。

3. 心理是________对________的________反映。

4. 意识具有________、________和________三大基本特征。

三、判断

1. 心理现象是异常复杂的，因而也是神秘莫测的。

2. 心理现象的各个方面并不是孤立的，而是彼此相互联系的。

3. 有健全的脑，就有正常的心理活动。

4. 条件反射既是生理现象，又是心理现象。

5. 意识是人所特有的心理现象。

四、应用题

1. 体育运动学校的学生为什么要学心理学？

2. 就昨天发生的事情，分析自己经历的主要心理过程，归纳个性表现的突出特点。

[阅读材料]

关于心理学的流派

人类从来对自身的心理都很关注。但由于心理现象极端复杂，不易把握，几千年来，人们对心理的看法只停留在文学家、哲学家的笔端，处于描述和思辨的零散水平。虽有过去，但缺乏体系，不能称作历史。

1879 年，德国学者冯特（Wundt 1823～1920）在莱比锡大学建立了世界上第一个心理学实验室，开创了心理学的实验研究，从此，心理学摆脱了哲学、文学的附庸地位而宣告独立。一百多年来，心理学走完了物理学草创阶段近两百年的路程，取得长足的进展，现将其主要流派、观点及变化，简介如下。

1. 构造主义

这是出现于欧美的第一个心理学流派，其代表人物是冯特及其学生——美国学者铁钦纳（Titchener）。他们否认把灵魂当作心理学的对象，认为心理学的对象是意识经验。认为心理、观念都由感觉元素、感情元素等组成。主张用实验内省法来分析意识的内容及构造，从中寻找规律。主张心理学是一门纯科学。

该学派为心理学发展积累了一些符合实际的实验资料，但由于研究范围过于狭窄及方法的局限，反对派林立，终至没落。

2. 机能主义

这是出现于19世纪末20世纪初的美国心理学派，其代表人物是詹姆士（James 1842～1910）、杜威（Dewey）等。该学派是在反对构造主义的过程中形成的。他们重视心理学的应用，反对把意识分为元素，主张研究意识的机能，强调意识是连续不断的整体，是“意识流”。看重心理的适应功能，注意心理学的实际应用。

该学派把心理的单纯、主观的研究，扩大到外部行为客观方面的研究，为后来的行为主义开拓了道路。

3. 格式塔心理学

格式塔（Gestalt）意指形态、整体，又称完形，是本世纪初诞生于德国的心理学派。其代表人物是魏太墨（Wertheimer 1880～1943）、可勒（kohler）。该学派主张研究现象的经验，要求不将它分析为心理元素而保留经验的整体，这就是格式塔。该学派对“似动”现象的解释尤为精彩。认为两条直线在一定时间内连续呈现，可被知觉为一条线的运动，是因为人脑对两直线相互关系的组织力量。

该学派对心理学的贡献主要在知觉、学习方面。他们强调的综合研究方法，对后来的心理学研究有很大的影响。

4. 行为主义

行为主义是左右心理学研究长达半个世纪的心理学派。其代表人物是美国学者华生（Watson 1878～1958）。该学派力图建立心理学的客观体系，否定意识，反对内省，主张用客观实验的方法研究行为，并提出了“刺激——反应”（S—R）的著名公式。

新行为主义修改华生的公式为“刺激——中介——反应”(S—O—R)，这个中介代表反应的内部过程，较华生的行为主义有了一定进步，其代表人物斯金纳(Skinner 1904～1990）提出的操作性条件反射，在学习心理、医学心理上有一定应用。

行为主义的影响在本世纪 20～30 年代达到鼎盛高峰，后逐渐衰落，60 年代后完全被新崛起的认知学派替代。

5. 精神分析

由弗洛伊德(Freud 1856～1939)创立的精神分析是心理学中十分独特的学派。该理论来源于精神、神经疾病的临床实践。弗洛伊德认为，潜意识中，某些被压抑的本能（特别是性本能）和冲动，是精神、神经类疾病的重要原因。心理医生采用催眠、释梦、情绪宣泄及自由联想、释放压抑、缓解紧张，可达到治疗的目的。

潜意识理论，梦的学说，泛性论，生、死本能及人格理论构成精神分析的完整体系。后产生的新精神分析学派，修正弗洛伊德的极端观点，虽仍同一宗，但彼此已有很大不同。

精神分析有广泛、深远的影响，特别是在研究人的精神活动领域，如文学、艺术、法律、社会、伦理、精神医学……之中，不断变化，历久不衰。

6. 认知心理学

这是60年代随着计算机学科的发展而崛起的新学派，它代表着西方心理学的主要潮流。奈瑟（Neisstr）、司马贺（Simon）是其代表人物。该学派认为，研究孤立的外显的反应太局限，心理学主要应研究头脑中高级的心理过程；认知就是信息加工，人就是一个信息加工系统；利用计算机模拟和类比，建立人类认知模型，是研究人脑高级心理活动规律的一条新途径。该学派破除了只有首先搞清生理基础才能研究心理现象的误区，取得了积极可喜的成绩。在方法上，重新重视反应时法，并改良内省使用口头报告的“大声思维”法，均取得良好的效果。

认知心理学努力把全部认知过程统一起来，进而想用其观点说明情绪、动机、个性等，力图统领普遍心理学各部分，还将扩展到发展心理学、社会心理学、工程心理学等各个心理学分支。

认知心理学强调认识、理性的作用，重视人的主动性，在具体问题及扩展研究思路、方法等问题上都是有贡献的。但由于理论背景的局限，该学派忽视客观现实生活条件及人的实践活动意义，忽略生态学效度，是有局限性的。另外，完全将人脑类比为计算机，也是有待争论的问题。

7. 人本主义

人本主义也是60年代在美国兴起的心理学流派。它主张发展人的潜能，关心人的价值与尊严。既反对精神分析的生物还原论，又反对行为主义的机械决定论。因此，在西方被称为心理学的第三势力。其代表人物是罗杰斯（Rogers）、马斯洛（Maslow）等。

该学派认为，凡有机体都有一种维持和增强自身的内在倾向，心理学应着重研究自我觉知，充分发展自我潜能，努力满足自我的各种需要，最终达到自我实现。人在这一过程中获得人性的内在幸福感、成就感、丰富感，体会“高峰经验”，实现人生最高价值和追求。

该学派摒弃对一般人或病态人的研究，主张研究最成功、最杰出的人，使心理学成为“健康人”的心理学。其方法是强调个案，主张走一条从特殊到一般、由个体到法则的研究路线。

该学派是一个正在形成和发展中的学派。它将心理学研究扩展到包括人类特有的多方面的精神生活，对传统心理学的批判是有力的，但自身理论尚待完善，方法上有待克服抽象议论及艺术性描述的弱点，努力提高科学水平，前景是光明的。

梁承谋《普通心理学原理》9～12页　中国三峡出版社　1996年

第二章　感觉和知觉

［本章重点］

1. 什么是感受性？什么是感觉阈限？两者有什么关系？
2. 感觉与知觉有什么联系和区别？
3. 什么是运动知觉？

第一节　感觉概述

一、什么是感觉

感觉是人脑对直接作用于感觉器官的客观事物个别属性的反映。

感觉是最简单的心理现象，客观事物是感觉产生的源泉。运动变化着的事物属性往往以振动、光色、气味、力度、温度等具体刺激形式作用于感觉器官，使主体获得外界事物的声响、光亮、颜色、嗅味、硬软、冷热等外部信息；身体的位置、运动及内脏器官的功能状态则为主体提供姿势、饥渴、肿胀等内部信息。内外感觉信息使人脑获得了事物最初级的映象，正如列宁所说："感觉是运动着的物质的映象，不通过感觉，我们就不能知道实物的任何形式，也不能知道运动的任何形式。"（《唯物主义和经验批判主义》，302页，北京，人民出版社，1970年）

由于感觉是对客观事物个别属性的反映，它往往只反映了事物的某一方面。因为客观事物都具有多种属性，所以感觉映象往往是粗略而不完整的朦胧形象，一方面由于是直接刺激引起的，让人感受真切，仿佛是看得实实在在，听得确确凿凿，但这个实在和确凿，只告诉了我们客观事物的存在。另一方面由于反映单一，故其形象模糊。例如，尽管看到一片黄色，可既无线条规范，又无轮廓约束；尽管听到一阵声响，既分不清音色，又无从把握音高。因此，仅凭感觉，我们无法清楚辨别事物，更不能作出准确判断与认定。

感觉虽然是最简单的心理想象，但是它却蕴含着重要的意义。

从认识论角度看，感觉是主观世界的最前沿，是主客观世界的联结、物质和精神转换的起点。感觉的对象与内容是客观的，但它的形成和表现却又是主观的，客观刺激对主体的作用是先行的，但感觉的产生却又是积极、能动的……研究这些问题，无疑具有深远的哲学意义。

感觉是心理现象的发端，是一切高级、复杂心理现象的基础。知觉、想象、思维等认识活动，都必须从感觉获得原始素材，感情体验、意志努力、脱离感觉都无从谈起；人的个性发展也离不开感觉素材的积淀和提炼，没有感觉，一切复杂的心理现象将不可能产生。

感觉还是维持人正常心理活动的必要条件。本世纪50年代，加拿大心理学家伯克斯托（Bexton）等人进行"感觉剥夺”的实验表明，当被试者在视、听、触、嗅刺激尽可能排除的小房间躺过几天后，大部分人都产生注意不能集中、知觉障碍、记忆部分丧失、思维紊乱等异常心理现象，严重的还产生幻觉，实验结束七八天后，不少人还不能恢复正常的学习和工作。这说明，维持一定水平的感觉信息输入，对保持人的正常心理状态是十分必需的。

二、感觉的生理机制

感觉是脑的机能，它的生理机制是单一分析器某一功能的反射活动。

分析器是巴甫洛夫对人和动物感受某种刺激的整个神经结构的称谓。分析器包括三部分：第一是感受器，位于感觉器官之中，接受内外刺激。第二是传入神经，将感受器获得并初步加工的信息向内传导。第三是大脑皮层对应的中枢，对传入信息进行分析加工，使具有一定时间模式的神经兴奋变为感觉映象，当其与皮层上第二信号系统有关中枢发生联系时，感觉才为人所意识到，成为客观世界的主观映象。

不同的分析器往往不止一种功能，但单纯的感觉往往是其中某一功能启动的结果。例如，视分析器有分析明度、色调、饱和度等多种功能，若我们感觉一片红色，则只是色调分析功能被启动的结果。

三、感觉的分类

感觉有多种形式，在心理学中，一般按刺激物的来源及感觉器官的位置分为两大类（表 2-1）：

（一）外部感觉

视、听、嗅、味、肤觉都属于这一类，外部感觉有以下两种共同特征：

1. 感受器分布表浅，便于接受各种外部刺激信号。

2. 其感觉映象较为鲜明、生动。

（二）内部感觉

运动、平衡、机体觉等属于这一类，内部感觉有以下两种共同特征：

1. 感受器分布于肌体深处，便于接受来自有机体内部的刺激信号。

2. 其感觉映象较为暗淡、朦胧，一般带有较大的不确定性质：感受模糊且定位不准。常因此特征而被称为“黑暗感觉”。

此外，还有一种特殊感觉——痛觉，应专门介绍。痛觉没有自己专门的分析系统，任何强度过大的刺激作用于感觉器官，都会引起疼痛感受。痛觉的这一特征具有极为显著的生物学意义，它正好成为有机体的警报信号，使主体能够监督各种有害刺激，引起警惕并设法排除或避免，从而起到保护自己的作用。

表 2-1 感觉分类一览

感觉类别		适宜刺激物	分析器			主要感受的心理现象
			感受器	传入神经	大脑中枢	
外部感觉	视觉	380～780 毫微米电磁波	眼内视网膜上的视觉细胞	脑Ⅱ	枕叶视区	分辨明度、色调及饱和度
外部感觉	听觉	16～20000 周/秒的声振动	耳内柯蒂氏器上的毛细胞	脑Ⅷ	颞叶听区	分辨音高、响度、暗色
外部感觉	嗅觉	主要是有可溶性、挥发性的物质	鼻内嗅裂上的嗅细胞	脑Ⅰ	边缘系统海马沟	分辨香、臭、腐烂等气味
外部感觉	味觉	主要是能溶于水的物质	舌、咽、软腭部的味蕾	脑Ⅴ、Ⅶ、Ⅸ、Ⅹ	中央后回下部	分辨酸、甜、苦、咸等味道
外部感觉	肤觉	机械的、温度的多种物理、化学刺激	皮肤上的触、冷、温点及神经末梢	众多的周围神经	中央后回	分辨冷热、触压、振动及疼痛
内部感觉	动觉（本体觉）	骨骼肌收缩、舒张造成的力的变化	肌梭、腱梭及关节小体	众多的周围神经	中央前回	感受躯体活动状态及变化
内部感觉	平衡觉（位觉）	身体位置、方向、速度等变化	耳内前庭器官上的毛细胞	脑Ⅷ	前外雪氏回	感受头部运动速度、方向等。
内部感觉	机体觉	内脏的充盈、活动及变化	内脏器官壁上的感受装置	植物性神经	第二感觉区边缘系统	感受饥、渴、饱、胀、恶心、便意等等

第二节 感受性及其变化规律

内外环境的刺激可以引起人的感觉，但并不是任何刺激都能引起人的感觉。例如，学生坐在教室里，粉笔灰尘落在皮肤上并没有感觉，而窗外飘进的毛毛雨落在皮肤上，学生们就有感觉。在这里，感觉与刺激物的大小有关，也与人的身心状态有关。

一、感受性及分类

（一）感受性及感觉阈限

感受性就是主体对客观刺激的感觉能力。不同个体，感受性是不一样的，有的人对刺激敏感，感受性高；有的人对刺激易于耐受，不敏感，感受性低。

在心理学中，感受性常用感觉阈限的大小来度量。所谓感觉阈限，就是能引起感觉的持续一定时间的最小刺激量。在一般情况下，这些刺激量常常是用物理、化学的客观单位来描述的。

（二）感受性分类

人的感受性一般可分为两类：

1. 绝对感受性

这是主体觉察起码刺激量的能力，它要回答的是有无感觉的问题。小于这个量，不管怎么刺激也不能产生感觉。

绝对感受性往往用绝对阈限来度量。所谓绝对阈限，就是指刚刚能够引起感觉的持续一定时间的最小刺激量。研究表明，绝对感受性与绝对阈限成反比关系。以 E 代表绝对感受性，R 代表绝对阈限，其关系可表达为：

$$E=\frac{1}{R}$$

2. 差别感受性

这是主体已经引起感觉后，能否随着刺激量的继续变化，发现感觉差别的能力。

差别感受性往往用差别感觉阈限来度量。所谓差别感觉阈限，就是指刚刚能够引起差别感觉的持续一定时间的最小刺激量。研究表明，差别感受性与差别感觉阈限亦成反比关系。

19 世纪初，德国科学家韦伯（Webre）在重量差别感觉的研究中发现：原有刺激量（I）不同，其差别感觉阈限值（ΔI）也不同，两者之比为固定常数（K），其数学表达式为：

$$\frac{\Delta I}{I}=K$$

这就是韦伯定律。后来的研究表明，在不同分析器内，K 值是不同的：声强的 K 值约为 1/10，重量的 K 值约为 1/30，而光强的 K 值约为 1/100，韦伯定律适合于刺激为中等强度的情况。

三、感受性的变化及发展

感受性是人的一种潜在特性，它不是固定不变的，随着主客观条件的不同，感受性是可以有巨大变化的。

（一）感受性的变化

1. 感觉的适应

是刺激物持续作用于同一感受器引起的心理现象，也是最常见的感受性变化现象。一般说，持续的强刺激造成感受性下降，持续的弱刺激，造成感受性上升。

放射科医生从明亮的环境进入黑暗的工作间，开始什么也看不清，30 分钟左右之后，就能在微弱的荧光屏上辨认出病人肺部米粒大的斑痕和空洞，这就是感受性提高的暗适应。而从黑暗的电影院走到太阳光下，开始感到刺眼目眩，害怕视物睁眼，但过不多时间，对强光的习惯化，就能看清周围事物，这就是明适应，是感受性降低的典型例子。

“入芝兰之室，久而不闻其香；入鲍鱼之肆，久而不闻其臭。”这是嗅觉的适应。学生刚戴上眼镜，开始不大习惯，后来习惯了，常发生戴着眼镜找眼镜的现象，这是触压觉的适应。

听觉的适应较慢，痛觉的适应极难。正因为痛觉不易适应，它才成为伤害性刺激的信号。

感觉的适应是感觉能力发生暂时变化的现象，它使人与环境更易保持动态平衡，从而提高人的活动能力。当今运动集训和竞赛的场地天南地北，有室内室外之分，有风雨阴晴之别，运动员只有提高感觉的适应能力，才能提高在各种条件下进行激烈比赛并夺取胜利的可能性。

2. 感觉对比

这是同一分析器接受不同刺激而发生的感受性变化的现象。在运动场上，在一群穿蓝色运动服的运动员之间，裁判员黄色的服饰显得更黄更耀眼。一个大人在一群幼儿之间，显得格外高大。以上两者是同时对比。许多强奏后的一次弱奏，显得特别轻；吃了糖再吃柑橘，显得格外酸，这两者是继时对比。

在运动场上，实行主、客队服饰颜色对比有利于提高裁判工作的准确性。在武术训练中用过轻器械，再用重器械，更容易获得对重器械的感觉。

3. 感觉的相互作用

这是指某一分析器在其他分析器接受刺激的影响下感受

性发生变化的现象。

实验证明，弱的听觉刺激可以提高颜色的视觉感受性，弱光刺激亦可提高听觉感受性，这在电视节目及晚会中，早已得到普遍的运用。运动场上的观察证明，强烈的噪音可明显地降低运动员的视觉差别感受性，这应引起教练员、运动员的注意。还有实验证明，在微弱的痛刺激作用下，人的视、听、触、嗅等感受性均有提高。

感觉的相互作用说明，人类各种分析器之间有着一定的内在联系，并不是截然分开互不相关的。

4. 联觉

一种刺激作用于与之适应的分析器，却产生了类似另一种感觉的现象，这就称为联觉。联觉存在于许多感觉，特别是外部感觉之中，尤以视觉明显。联觉增强着原有感觉的情调，别有一番意味。例如，红、橙、黄类似太阳和火焰的颜色，往往引起温暖的感觉，故称暖色。暖色有接近感，有向前突出的感觉，又称进色。青、绿、蓝类似晴空、碧水的颜色，往往引起寒冷的感觉，故称冷色。冷色有深远感，有向后退缩的感觉，又称退色。

联觉在艺术、运动、生活中都有广泛的应用。

（二）感受性的发展

人类个体由于分析器先天的差别，其感受性是有一定差异的。在儿童，感受性的差异并不明显，可在成人，由于生活环境不同，实践领域不同，教育训练不同，自身要求不同，感受性水平就相差悬殊。有资料表明，训练有素的音乐工作者能区分出两个半音间 1/30 的微弱差别，换句话说，他们在两个半音之间可区别出 30 个不同的音高来；印染工人可辨别

40 多种不同深浅的黑色；游泳运动员对水温、水压有高度的敏感性……这些都是普通人望尘莫及的。

对于正常人来说，大多数人的感受水平远远低于感觉器官因其结构和功能所给予的可能性，只要我们有意识地锻炼和磨砺，勤于实践，善于总结，我们的感受性都有可能得到高度发展。

感受性的发展，除表现在人的成长、学习、训练之中以外，在特殊情况下，还有一些特殊的变化。例如，一些人先天某一感官发育不全，一些人在战争等不幸事故中造成某一感官功能丧失，那么，这类人其余完好的感觉分析器的功能就会因开发而造成感受性迅速提高。聋哑人的视觉感受性特别敏锐，盲人的听、触感受则格外灵通，这种现象在心理学上称为感觉的代偿。

第三节 知觉概述

一、什么是知觉

知觉是人脑对直接作用于感觉器官的客观事物众多属性的整体反映。据此，人们便能识别事物的变化。

知觉是比感觉更复杂的心理现象。虽然它们都是直接反映客观事物，但与感觉不同的是，知觉反映的不仅是事物某一属性或方面，而是事物的许多属性、彼此关系的总体，由此，我们就能获得事物的完整映象，才能回答是什么的问题。

知觉是在感觉的基础上产生的，感觉是知觉的组成部分，人们获得的感觉信息越丰富、越精确，知觉映象就越全面、越完整。但是，知觉并不是个别感觉成分的简单总和。例如，人们看到一个围棋棋盘，它的成分是横竖各19条直线，但把38条直线的感觉加起来并不等于知觉到一个围棋棋盘。因为，知觉中对感觉形式的整合，包含一定的格式和结构，对感觉信息的认识还受主体经验的局限和制约。

每个人的知识、兴趣、个性不同，对知觉的过程就有不同，例如同样是参观国家奥林匹克体育中心，海外归来的华侨与体育管理人员的知觉就不一样，运动训练专家与青年运动员的知觉也大有差别。即使是同一个人，事隔几年的两次参观知觉也是不尽相同的。这说明，知觉是客观事物在人脑中的主观映象。

在人的知觉形成和发展过程中，词是归纳主客体信息的重要因素。人们往往借助词的命名，把事物的许多部分和属性联成整体，常常用词来标示知觉对象，区别事物的异同。词的指示，还可以把对象不显著的重要特征突出出来，从而更有利于对事物的知觉。

与感觉映象相比，知觉映象有两个特点：一是具体生动、形象完整。例如，我们站在河南邙山头向前眺望，不仅看到一片黄色，而且看出眼前有一条流向天际的大水，那哗哗的声响，滚滚的动态，扑面而来的冰冷湿气，便知觉到这是一条滔滔大河。二是经验补充，语词标定。如前例，此时，主体关于河流的经验都涌上心头！这不是山溪、小河，也不是长江、珠江、黑龙江……啊，这是黄河吗？对，这是黄河！是中华民族的母亲河，它是华夏文明的摇篮……最后我们结合多种感受和经验，用黄河一词为其标定命名，引起无限感慨和遐想。这时的知觉映象，已不仅仅是客观外物的映照，而是融入了主观因素的活生生的心理图象了。

如果说感觉包含不少生理内容的话，那么，知觉则是较为纯粹的心理现象，是主观认识的崭新起点。

二、知觉的生理机制

知觉是在多种分析器联合参与下，人脑对复杂刺激物各部分、各种方面形成的关系反射活动，这种关系反射，可能是同时的，也可能是继时的，但它们在大脑皮层上形成众多的暂时神经联系，才使人们获得了对事物的整体认识，只要事物组成的关系不变，在以后的知觉中，人们就可以根据事物的某一方面而对其进行整体反映。

第二信号系统对各种关系反射的形成起着举足轻重的作用，特别是在感觉信息不足时，言语的提高对知觉的形成将起至关重要的作用。

三、知觉的分类

（一）一般知觉

这类知觉又叫简单知觉，是以一种分析器的活动为主导的较为单一的知觉，例如，视知觉、听知觉、嗅知觉、味知觉、触知觉等等。这类知觉与感觉的关系尤为密切，更多反映刺激物的特性，是认识客观世界的基础。

（二）复杂知觉

这是一类有多种分析器参与的更为深入的知觉，它与主体的需要、态度、主观经验等的关系更为密切，是深入认识主客观世界所必不可少的。复杂知觉主要有以下形式：

1. 空间知觉

空间是运动着的物质存在的一种形式，任何物体都占据一定位置，都有大小、形状、体积、方位等空间特征，空间知觉便是人脑对直接作用于感觉器官的客观事物空间诸多特点的综合反映。

在体育运动中，空间知觉能力是人观察目标、估计大小、预测距离、判断方位不可缺少的。

2. 时间知觉

时间也是运动着的物质存在的一种形式，它着重表现了物质运动的持续性。时间最突出的特点是一维性，它只有过去、现在和将来，沿着一个方向，去不复来，不可逆转。时间知觉是主体对客观事物运动变化的顺序性、延续性及统一性的反映。

时间既没有开始，又没有结束，为了知觉时间，人们往往以一定客观现象为参考系。日出月落、四季更替等自然变化；睡眠觉醒、呼吸心跳等有机体的生理周期，人们可据此辨别时间。自从人类社会发明日晷、滴漏、日历、钟表后，人们更多地依凭这些计时工具来知觉时间，大大提高了时间知觉的能力。

节奏知觉是时间知觉的特殊例子。它是主体从一系列刺激中分辨出均匀交替的、特定秩序的时间知觉。

在体育运动中，时间知觉能力亦是人把握变化、估计速度、控制动作所不可缺少的。在多种运动中，节奏的正确把握是一个运动员成熟的标志之一。

3. 运动知觉

运动是一切物质存在的基本方式，也是物质的根本属性。任何物体运动，总要占据一定的空间，经历一定的时间，运动知觉是人脑对客观事物在时、空中变化的诸种属性的整体反映。显然，它是比单纯的空间知觉、时间知觉更为复杂的。运动知觉可分为两种：

(1)客体运动知觉：这是对客观事物机械位移的知觉。尽管事物都是在不断运动变化的，但像植物的生长、开花，时钟时针、分针的移动等太慢的运动，我们不易知觉。另外，像电影银幕上画面的更替、声源的高频振动等太快的运动，我们也不能知觉。心理实验研究表明，在距离2米的条件下，人的运动速度下阈为0.6毫米/秒，运动速度上阈为605.2毫米/秒，低于或高于两阈值，我们都不能知觉。

除运动速度外，客体运动方向也影响主体的知觉：与主体双眼连线呈平行方向的运动易于知觉，而呈垂直方向的运动则不易知觉。

此外，客体与主体的距离、客体的照明、与背景的对比度、视野中参照物的多少等都影响主体对客体的运动知觉。

(2)主体运动知觉：这是对主体自身肢体位移及姿势的知觉。人体自身肢体运动主要是由骨骼肌的收缩、舒张造成的。骨骼肌是随意肌，它的活动受意识支配。

主体运动知觉首先是一种力的感受。力是既有强度又有方向的。不管是简单动作还是复杂动作，凡要完成，必须对力的大小、发力时间、方向、次序等有一个基本把握。要完成高难动作，则必须处理好用力的速度及全身平衡的关系。体操、舞蹈中的优美动作，往往是力量处理得当的匀加速或匀减速动作，在这里控制是一个关键。激烈、复杂的动作引起的内脏刺激感受如心悸、翻胃等等亦是主体运动知觉的特殊感受。

由于来自内部的感觉信息较多，主体运动知觉映象模糊是一明显特点，在体育技能训练中尤应注意，目前已有许多方法可以提高主体运动知觉映象的清晰性，它是将来获得正确运动表象的基础。

在人的实践活动中，以上两种运动知觉往往是紧密联系在一起、共同起作用的。如网球、排球等运动的接发球，首先要对对方的击球角度、方向、速度等有正确的客观运动知觉，其次要造成一个由主体运动知觉控制的良好姿态，差一点都不能达到接发球的目的。一个训练有素的运动员，这两种运动知觉往往是天衣无缝地结合在一起，表现出良好的竞技水平。

（三）错觉

错觉是人对客观事物不正确的知觉。

人在大多数情况下对事物的知觉都是正确的，但人的心理有其特殊性，知觉也有出差错的时候。这种差错，并不是变态心理现象，而是在一定条件下，许多人都会有的正常心理现象。

错觉的种类很多：

用手去掂量一斤棉花和一斤铁，总觉得铁重些。这是以视觉之形影响肌肉之重的形重错觉。

听报告时，报告人的声音本是从侧面的扩音器里传来，但我们看着前方台上的报告人，却把声音知觉为从前方传来，这是方位错觉。

夜晚，我们常觉得月亮在云里穿行，而不觉得云在移动，这是运动错觉。

视错觉是生活中常见的，图 2-1 是一组几何图形错觉。

造成错觉的因素很复杂，既有主观经验的消极影响，也有客观方面的原因。

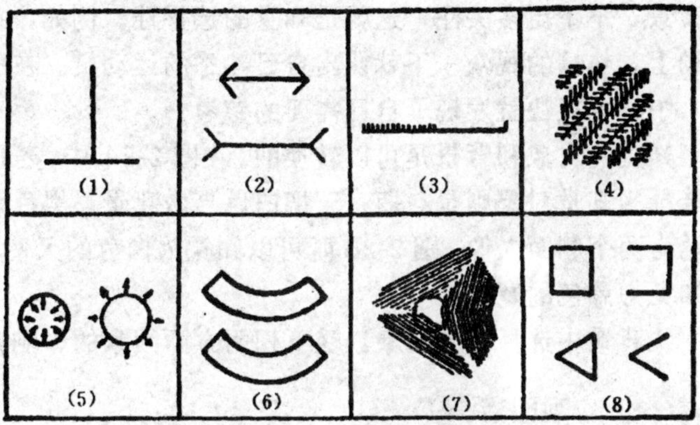

图 2-1　几何图形错觉

人有错觉,并不能导致人不能正确认识客观事物的结论。因为，人还能发现错觉、校正错觉，恰恰说明了人能正确反映客观现实。

人不但能发现错觉，还能利用错觉。在建筑、装潢、军事、绘画、雕塑、服装、魔术、运动等领域中，错觉的规律广有运用。

第四节　知觉的基本特征

一、知觉的选择性

客观世界是纷繁多样的，常常令人眼花缭乱。人在知觉客观世界的某一时刻，总是要从面前众多的事物中挑选出一定对象，把它们知觉得格外清楚，而其余的事物则成为知觉的背景，不予更多关注，这就是知觉的选择性。例如，在运动场上，热情的观众一下就认出自己熟悉的运动员。在书店里，中学生很快就发现了自己需要的参考书。

知觉的对象和背景是可以转换的。在图 2-2A 中，若把白色选择为知觉对象则是花瓶；若把白色当做背景，黑色则可知觉为两个侧面人像。图 2-2B 既可以知觉为白色的天使，也可知觉为黑色的魔鬼。

从背景中选择知觉对象，受下列两方面因素的影响：

（一）客观因素

1. 对象和背景的差别

两者差别越大，对象越易于从背景中选择出来。在花样滑冰的表演中，用追光投射主要运动员，就是要提高明度，突出运动员形象，引导观众选择。老师在黑板上写白粉笔字，用红笔批改蓝墨水书写的作业，都是为了扩大区别，提高学生的知觉选择性。

A　　B

图 2-2　对象背景转换图

2. 对象的运动变化

越是运动的物体，越容易从相对不变的背景中被知觉。在田径赛场上，参加径赛的运动员特别是短跑运动员，比田赛运动员更容易被观众选择，夜晚空中的流星，街市上的霓虹灯，由于它们的运动变化也容易作为知觉对象被选择。

3. 对象图形特点

背景往往是没有形状且连续而不中断的。凡是有轮廓就容易产生形状，就容易被选择。刺激物的相似、接近等特点易于构成整体，造成图形。有封闭、连续、对称特点的图形均是良好图形，凡良好图形都易于选择为知觉对象。军事上的伪装术就是利用这一原理反其道而行之，用迷彩伪装破坏轮廓及良好图形特征，从而达到保护自己的目的。

（二）主观因素

1. 意义、经验与熟悉程度

事物对主体越是有意义，主体对它有经验并且熟悉，此事物越容易成为知觉对象。有经验的体育教练下基层挑选运动员，常常有一眼相中、后来果然培养成材的事，就是这个道理。

2. 主体的需要、情绪与精神状态

越是需要的，就越容易选择为知觉对象。如大赛前运动员心理波动的情况，教练员比一般领导心中有数，因为工作需要他们必须一直留心。一个人情绪好的时候容易选择知觉事物光明的一面，反之则易选择知觉事物阴暗的一面。一个人的精神状态也影响知觉的选择。精神状态良好时，只要主体需要，即使是轮廓不突出的事物也能选择，反之如疲劳、困倦、精神状态差时，即使是符合良好图形原则的对象，也不易被选择。

知觉的选择性能提高人类认识的有效性，提高活动效率，是意识中注意状态的最基础形式。

二、知觉的整体性

人在知觉时，不是孤立地反映事物的个别属性，由于经验的作用，总是把个别属性和各种关系联系起来全面反映，这就是知觉的整体性。

主观经验的参与往往是以词为中介的，词的参与往往使人的知觉有一种先入为主的完形倾向。例如，我们在电视中观看高山滑雪比赛，屏幕上尽管只看到白茫茫一片，但白雪一词的提示，使我们会觉得它不仅是银光闪亮，而且还觉得它是松散、冰冷的。

图 2-3 知觉整体

由于知觉的整体性，对一些细节模糊或是不完整的图形，我们能以部分知觉整体。图 2-3 的细节被淡化了，但我们还是能看出是一个人骑马在行进。

在许多情况下，我们对事物的整体知觉甚至还先于对个别部分的知觉，例如在阅读的时候，人常常是对词汇、句子的知觉先于对字、对笔画的知觉。在欣赏一张体育摄影时，往往也是先获得整体知觉印象，其次才是对细微局部的知觉。

知觉的整体性提高了人感性认识的速度和深度，有利于我们较为全面地把握事物，提高了意识的积极性及主动性。

三、知觉的理解性

在知觉过程中，主体力图对知觉对象作出某种解释，使它具有一定意义，这就是知觉的理解性。

理解就是要揭露事物更深一层的关系和意义，这必须依赖先前的知识经验。过去的知识经验越丰富，理解越容易进行。在运动训练中，一些运动员看教练示范后老是学不会某个动作，如体操中的后空翻转体、武术中的转身摆莲脚，其中一个重要原因就是看示范时知觉理解性差，没弄明白动作发力及连接的关键，有经验的教练在再教学时就注意提高运动员知觉的理解性，问题往往能顺利解决。

现代心理学认为，理解是个体在认识过程中，把新事物同化于已有的认知结构，或扩大或改组原有的认知结构以接纳新事物。这些，都必须有思维因素的参与才能办到。

知觉的理解性总是表现出一种要主动组织、解释知觉信息的倾向，常常以命名来表现这种意图。请看图 2-4，这是什么？大部分人看了说："左边有三齿，像是三齿叉？不对，右边像两齿叉？也不对……"最后大家只好认为这是一个"不可能图形"。

知觉的理解性使知觉的选择性更有依凭，因为有理解意义的图形轮廓将更加稳定，更容易从背景中突出。知觉的理解性使知觉的整体性更容易建立，也更牢固。人在知觉的理解性中表现出的预测和期待，体现出意识的意义性特征。

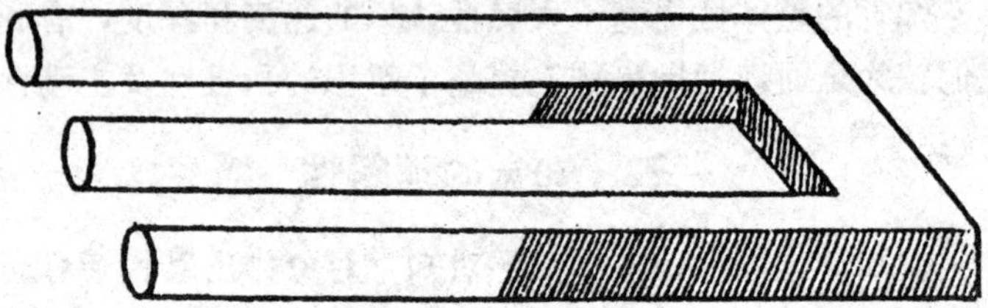

图 2-4　不可能图形

四、知觉的恒常性

尽管知觉的条件在一定范围内发生变化，但主体对同一事物的映象仍保持相对不变，这就是知觉的恒常性。

恒常性是知觉的一种普遍特性，但在视知觉中尤为明显。当篮球运动员从篮下到 3 米线外定点投篮时，篮圈在运动员视网膜上的投影将从圆变为椭圆，但运动员仍然把它看成是圆的篮筐，这是知觉的形状恒常性。运动员穿的红色运动服，不管是在日光、灯光下我们都认为仍是红的，这是颜色的恒常性。体操运动员在自由体操、跳马项目中，由于奔跑，在我们视网膜上的投影大小是有明显变化的，可我们仍把他们知觉为大小不变的同一个体，这是知觉的大小恒常性……。

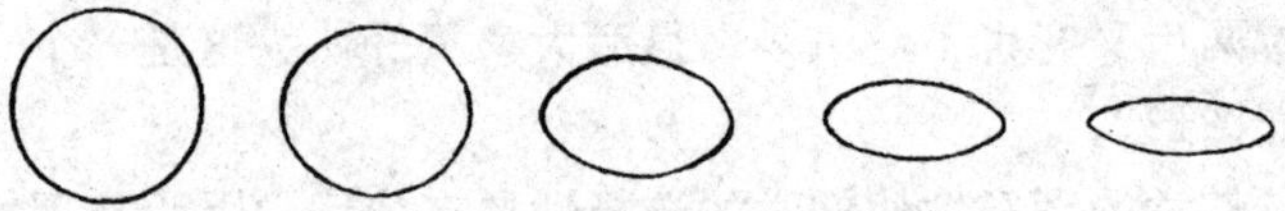

图 2-5　不同距离的篮筐图象

图 2-5 是在不同距离条件下客观描绘出的篮球筐圈形状，尽管从正圆变椭圆，甚至接近一条直线，但场上的篮球运动员仍把它知觉为一个正圆形而投篮。

恒常性的大小可用常性系数表示，常性系数在0～1之间，0表示没有恒常性，1表示有完全的恒常性。

知觉的恒常性仍然是过去经验对当前事物在认识上的调节和校正，它使人在一定变化的条件下，仍能按事物本来的面目去反映。倘若人没有恒常性，条件稍微一改变，一切就得重新学习，那么，不用说改造客观世界，就是如何适应这个千变万化的环境也成为不可能了。

值得提醒的是，恒常性只在一定条件下才能保持，条件变化大了就没有恒常性。

第五节　儿童感知觉的特点及培养

儿童进入小学学习，是人生的重大事件，从家庭到学校，从以游戏为主的学前生活变为以学习为主导的学校生活，活动环境的巨大变化，身体功能的发育增长，促使儿童的心理迅速发展。

一、儿童感觉的发展

研究表明，由于学习，儿童运用视觉的机会很多。视敏度是指隔一定距离感知、辨别细小物体的能力，儿童的视敏度随年龄增长而提高，特别是差别感受能力，在7～15岁年龄段比绝对感受性提高许多倍。

小学儿童的听觉已有很好的发展，能分辨母语语音的细微差别，一年级儿童能精确地辨认汉语四声，二年级儿童能辨别同一高度进行的音乐旋律。

小学儿童手部动觉亦有很好的发展。在绘制图画、手工劳作及书写活动中，手指、手腕关节的灵活性、局部肌肉的控制能力都有很大的提高。

但是，儿童的感觉器官及神经系统的功能尚未发展成熟，在学习负担不断增加的情况下，特别要注意保护儿童的视力，注意挂图、光线、座位的适当安排，避免过度疲劳而致近视。在言语听觉上，由于词的理解需要大脑皮质进行复杂的分析综合活动，不宜要求过度。由于儿童的骨化还未完成，动作的准确性、精巧性以及稳定性也不宜要求过高。

儿童感受性的发展，既要创造条件，正确引导，又必须适合儿童的身心发展水平，不能任意拔高，必须积极、稳妥地让儿童在活动实践中有兴趣地主动进行。

二、儿童知觉的发展

由于儿童活动范围的扩大，语言能力的提高，知觉能力亦有较大的发展。

小学低年级儿童的形状知觉虽然常常要和具体事物联系起来，但在教育的作用下，特别是在掌握一些几何图形的名称之后，逐步获得图形的一般概念，到高年级便能不依靠具体事物的支持而正确地辨认图形。研究表明，低、中年级儿童对平面图形的知觉比立体图形的知觉要好得多。

小学儿童常以自己身体的位置为标准来知觉方位，他们对前后、上下容易分辨，但对左右常常混淆。据调查，一年级儿童上操时，有30%左右的人会把左右转的动作做错。在书写时，常把有方位区别的字写反，如p与b、d；q与b等等。外国心理学家有研究表明：5～6岁儿童能辨别自己的左右手脚，7～8岁的儿童能辨别对面人的左右手脚，10～11岁的儿童才能完全掌握左右概念的相对关系。

时间不具有直观形象性，时间知觉是难以掌握的。表 2-2 是各年级学生对“一分钟”估计的结果。

表 2-2　不同年级小学生对一分钟时间估计的平均数

	一年级	三年级	五年级
对 60″的估计	11.5″	24.8″	31.1″

有研究表明，7 岁儿童才开始使用时间标尺，随年龄增长，对时间估计的准确性有所提高，但即使到了中学阶段，仍不能正确估计一分钟。

总之，小学儿童的知觉虽较学龄前儿童有所发展，但仍表现出笼统、不精确的特点，不容易选择事物的主要特征，不易理解事物各部分间的关系，以至整体性、恒常性都不高。

三、儿童观察力的培养

观察是一种有目的、有计划、比较持久的知觉。人们认识事物，获得系统知识都是从观察开始的。在学校教育中，培养学生的观察力，不仅有利于学生获得感性认识，而且也是发展想象、思维、记忆等复杂心理品质的基础。

儿童的观察力不是天生的，是通过培养、训练，在实践中逐渐发展起来的。教师在教学工作中要注意从以下几方面对学生进行培养：

（一）明确观察的目的和任务

研究表明，观察的目的、任务越明确，知觉的选择性就越高，观察的效果就越好。例如，小学体育老师带学生到公共游泳池学游泳，下水前要求儿童观察正在水中的人用多少种姿势在游泳？这一问题，三、四年级的学生都容易根据所学的知识，通过观察得出正确结论。要是老师只笼统地让学生观察水中人在干什么？那么就是五、六年级的学生也很难准确观察到有多少种姿态了。因为，观察的目的、任务不明确，小学生就很容易东瞧瞧，西望望，常被一些表面的、热闹的事物吸引，观察零散而不得要领。

（二）教给学生观察方法

首先要求学生在观察前要有必要的知识准备，其次要有计划、有步骤地进行。在前例中，教师在路上就引导学生回忆游泳姿势的知识，到游泳池提出要求后，就指导学生从水中人头、手、脚的动作，身体的俯仰等方面顺序察看，不仅看动作，而且听水响，甚至鼓励学生用语词说出观察结果，这样效果会好得多。

（三）在直观教学中培养儿童的观察兴趣

观察力的培养有一个长期的过程，小学儿童一开始处处依赖教师的指示，这是完全可以理解的。教师要注意用直观教学的原则启发儿童，用鲜明、生动的形象激起儿童的观察兴趣，激起儿童的求知欲望，主动去探索自然和社会的秘密。只有在儿童的主动活动中，才能真正增长儿童的观察能力。

[练习]

一、解释

感觉　分析器　感觉阈限　知觉　错觉

二、填空

1. 按刺激物的来源，可将感觉分为________和________两大类。

2. 按物质的存在形式，可将知觉分为________、________和________。

3. 分析器包括：________、________、________三部分。

4. 知觉有：________、________、________、________四种基本特征。

5. 运动知觉可分为__________和__________两种。

三、判断

1. 知觉是多种感觉的简单累加。

2. 一个人的绝对感觉阈限越低，则他的差别感受性越高。

3. 人的感受性有发展的潜力。

4. 错觉是一种感觉。

5. 观察是一种有目的、有计划、比较持久的知觉。

四、应用题

1. 结合体育训练说明知觉的基本特征。

2. 如何培养儿童的观察力？

［阅读材料］

感受野问题

神经生理学近年来有突飞猛进的发展，休伯尔（Hubel）和维塞（Wiesel）关于感受野的研究就是最为典型的一例。

休伯尔和维塞发现了大脑皮层细胞和视网膜上一个区域的对应联系，从而揭露了视觉形成的奥秘。他们采用了巧妙的电生理实验方法使这一突破成为可能。他们以猫或猴作研究对象，把动物的头固定并麻醉眼肌，在枕叶的视区皮层的一个细胞插入微电极，在动物前方的屏幕上呈现特定的视觉刺激，通过一个放大系统记录皮层细胞的电反应，即该细胞活动时所发出的电信号。当屏幕上的视觉刺激照到视网膜上的一定区域，而这一区域正好与这一大脑皮层细胞有联系，大脑皮层细胞就会发生电反应。实验装置如图 2-6。

例如，用幻灯在屏幕上投射光点或线条，使它沿某一方向缓慢移动，当移动到某一点时，皮层细胞开始放电，这时喇叭发出噼啪的响声，并可以从示波器上观察电位变化的情况。由于这一视网膜区域与皮层某一个细胞有联系，我们就把视网膜上的这一区域叫做这一皮层细胞的感受野(receptive field)。在视觉系统中，视网膜在某一特定区域受到光刺激时，引起视觉系统较高水平上单一神经细胞或单一神经纤维的电反应，这一区域便是该神经细胞或神经纤维的感受野。如果我们所记录的是大脑皮层细胞的电活动，视网膜的区域就是大脑皮层细胞感受野。

休伯尔和维塞的工作使我们知道了视网膜上某一位置和大脑皮层的关系，使我们对感觉的发生有了新的认识，这是一个了不起的突破。而且他们进一步发现了各种不同类型的感受野。负责视觉的大脑皮层细胞又分为简单细胞、复杂细胞、超复杂细胞和双眼深度细胞等。简单细胞的感受野分为并列的兴奋区（“开”区）和抑制区（“闭”区）。如果在感受野的“开”区呈现一个固定的亮光点，与这个感受野有关的皮层细胞便兴奋，并发出电反应。如果光点落在这个感受野的“闭”区，这个细胞便被抑制而停止电反应。因此，简单细胞感受野的兴奋和抑制区的不同分布使其成为感受线条和边界的觉察器。当线条或边界刺激的方向与感受野的方向相应时，细胞便放电；当线条或边界的方向不符合感受野方向时，细胞不放电。换句话说，简单细胞具有方向性，即当线条处于某一特定方向时它才出现电反应，而另外一些简单

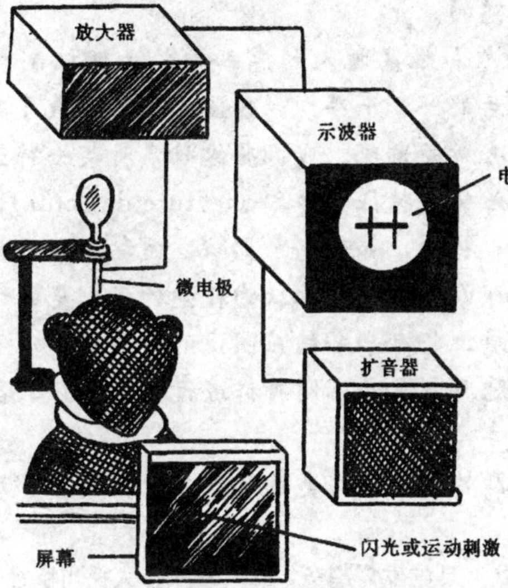

图 2-6　感受野实验装置

细胞则对其他特定方向的线条发生电反应。

复杂细胞是指对某一特定方向运动的刺激进行反应的细胞。一个细胞可以对竖线条的向右运动发生电反应，而对向下运动的横线条就不反应。对不同方向的运动刺激，都可以找到相应的感受细胞。超复杂细胞的感受野除了对刺激的方向、宽度、对比度有选择性外，还对刺激的长度有选择性。当一个方向适宜的线条刺激通过兴奋区时可以引起电反应，通过抑制区时则产生抑制反应。整个线条恰好通过兴奋区，而不进入抑制区时反应效果最大。有些感受野的抑制区在兴奋区的一端，有些则在两端。双眼深度细胞是指当同时刺激两眼视网膜具有视差的部位时才放电的皮层细胞。当仅刺激一眼视网膜时，这些细胞不放电。这些细胞是专门负责双眼的立体、深度视觉的。

由于休伯尔和维塞把人的感知觉的生理机制揭示了出来，在他们之后的一二十年内，各国都普遍开展了感受野的研究并且不时有新的发现。我们将这种只对某一特征刺激进行反应的细胞也叫做特征觉察器（feature detector），因为它只对客体的某一特征，如颜色、形状、运动进行反应。从这一研究中我们可以知道，以往认为视觉的产生是由于刺激视网膜以后在皮层上也有一个相应图像的看法是不正确的。皮层有专门的细胞对刺激的不同特征进行反应，它们各自有明确的分工。

特征觉察器的发现给人类感知觉的研究提供了新的认识和方法。

荆其诚《现代心理学发展趋势》62～64页　人民出版社　1990年

第三章　记　忆

［**本章重点**］

1. 瞬时记忆、短时记忆和长时记忆各有何特点？相互间有什么关系？
2. 什么是表象？它有何特征？
3. 什么是遗忘曲线？

第一节　记忆概述

一、什么是记忆

记忆是过去经验在人脑中的反映。人们在生活实践中感知过的事物、思考过的问题、练习过的动作、体验过的感情等，在事情经过之后，其印象并不全部消失，其中有一部分作为经验在人脑中保持相当长的时间，以后在一定条件的影响下会重新得到恢复。这种在人脑中对过去经验的保留和恢复的过程就是记忆。

记忆是一个复杂的心理过程，它包括识记、保持、再认或回忆三个环节。识记就是识别和记住事物，从而积累知识经验的过程，它是记忆过程的第一个基本环节。保持是巩固已经获得的知识经验的过程，它的对立面是遗忘，这是记忆过程的第二个基本环节。回忆和再认就是在不同的条件下恢复过去经验的过程，这是记忆的第三个基本环节。从信息加工的观点看，记忆就是人脑对所输入的信息进行编码、存贮和提取的过程。对输入信息的编码，相应于记忆的开始阶段——识记；识记过的信息在头脑中的存贮，相应于保持过程；对已存贮的信息进行提取使之恢复活动的过程相应于回忆和再认。

记忆过程的三个基本环节是相互联系、相互制约的。没有识记就谈不上对经验的保持；没有识记和保持，就不可能对经验过的事物进行再认或回忆。因此，识记和保持是再认或回忆的前提，再认和回忆则是识记和保持的结果，并能进一步巩固和加强识记、保持。

记忆是人的心理活动在时间上得以持续的根本保证，是经验积累或心理发展的前提。没有记忆，过去经验就不可能对当前心理有所影响，心理活动就无法进行，一个人的心理也就会永远停留在新生儿的水平。因此，从某种意义上说，没有记忆就没有知识经验的积累，也就没有个体心理的发展。

二、记忆的种类

根据记忆内容的不同，可把记忆分为形象记忆、情绪记忆、运动记忆和语词记忆。根据记忆中对信息的编码方式和存贮时间长短的不同，可把记忆分为瞬时记忆、短时记忆和长时记忆。

（一）形象记忆、情绪记忆、运动记忆和语词记忆

1. 形象记忆

以感知过的事物形象为内容的记忆。这种记忆所保持的是事物的具体形象，它可以是视觉形象，也可以是听觉的、嗅觉的或味觉的形象。由于视觉和听觉在人类感知活动中的主导作用，视觉和听觉的形象记忆发展较好，但触觉、嗅觉和味觉的形象记忆也可因特殊职业的训练而得到较好发展。

2. 情绪记忆

以体验过的某种情绪或情感为内容的记忆。例如，比赛胜利时的那种激动心情，至今记忆犹新。情绪记忆对人具有动机作用，积极愉快的情绪记忆可以激励人的行动，消极不愉快的情绪记忆会降低人的活动能力。

3. 运动记忆

以经历过的运动状态或动作为内容的记忆。它与形象记忆有密切关系，是以过去的运动或动作所形成的表象为前提的。例如，我们对跳远动作的记忆，总是伴随着加速跑、起跳、挺胸、空中走步和落地等动作形象。

4. 语词记忆

以概念、判断、推理等为形式，以事物的关系以及事物本身的意义、性质等为内容的记忆。例如，对数学公式、法则、定理的记忆。由于这些内容都是以语词符号表达出来的，所以叫做语词记忆。

在生活实践中，上述四种记忆是相互联系的。如，教师在传授知识的过程中，既要求学生有语词记忆，又要有形象记忆和情绪记忆，有些课程还要在做实验、操作仪器的过程中使学生形成一些动作记忆，这样的教学效果要好得多。

（二）瞬时记忆、短时记忆和长时记忆

1. 瞬时记忆

又称感觉记忆，是指通过感觉器官所获得的感觉信息保存在 0.25～2 秒钟以内的记忆。进入感觉记忆的信息是以感觉痕迹的形式被登记下来，具有鲜明的形象性。例如，视后像。

2. 短时记忆

是指所获得的信息在头脑中贮存不超过 1 分钟的记忆。例如，电话接线员接线时对用户号码的记忆，当他们接完线后，一般说就不再把号码保持在头脑里。短时记忆中贮存信息的数量是有限的，一般为 7±2 组块。组块是信息加工的单位，它由若干细小局部构成，可以是一个笔画、字母，一个词组甚至是一个成语，其大小与人过去经验中的熟悉程度有关。

3. 长时记忆

是指保持在 1 分钟以上乃至终生的记忆。它的信息主要来自短时记忆阶段加以复述的内容，也有由于印象深刻一次形成的。长时记忆的容量很大，只要有足够的复习，把信息按意义加以整理、归类，整合于已有信息的贮存系统中，就能把信息保持在长时记忆中。

以上三种记忆是相互联系的，它们之间的关系可以从图 3-1 中看出。

外界刺激引起感觉，它所留下的痕迹就是感觉记忆，如果不加注意，痕迹便迅速消失；如果加以注意，就转入第二阶段——短时记忆。对短时记忆中的信息，如果不及时复述，就会产生遗忘；如果加以复述，就转入第三阶段——长时记

忆，信息在长时记忆中被贮存起来。长时记忆中的信息在一定条件下被回收到短时记忆中来，从而被人意识到；若受到干扰或其他因素的影响，也会产生遗忘。

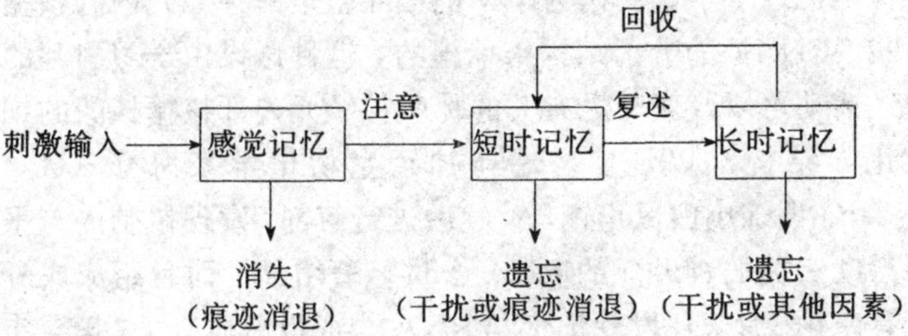

图 3-1　记忆的三个阶段示意图

三、记忆的生理机制

记忆是怎样产生的？传统的解释认为，在感知、思维、情绪、动作等活动发生的时候，在神经组织的有关部位建立起暂时联系，联系形成后在神经组织中留下一定的影响或“痕迹”，这种“痕迹”的保持就是记忆。

围绕记忆的生理机制，科学家们进行了大量的实验研究，提出了各种假说。

记忆的神经中枢定位：记忆机能定位说认为，记忆在脑中是有其特定部位的，不同种类的记忆在脑的不同部位产生。定位说的例证最初来自临床病例的观察。著名加拿大神经外科医生潘菲尔德（W・Penfield）认为记忆与大脑皮层的额叶和颞叶关系密切。他在一篇报告中说，当他打开患者颅腔寻找病灶时，发现用电极刺激患者大脑皮层的颞叶，会引起患者对往事的鲜明回忆，而刺激大脑皮层的其他区域则不会产生这种反应。颞叶区的这种“诱发回忆”大多是形象方面的，而对语词、抽象材料的复杂记忆是在大脑皮层的额叶部位进行的。

记忆分子学说：认为个体记忆经验是由神经元内的核糖核酸（RNA）的分子结构来承担的。这种假设由学习引起的神经活动可以改变与之有关的那些神经元内部核糖核酸的细微化学结构加以证实。瑞典神经生物化学家海登（H·Hyden）训练小白鼠走钢丝，然后进行解剖，发现鼠脑内与平衡活动有关的神经元的RNA含量显著增加，而且组成成分也有变化。后来还发现记忆与RNA合成蛋白质有关。学会走钢丝的小白鼠，由于注射了嘌呤霉素，干扰了RNA合成蛋白质，于是小白鼠忘记怎样走钢丝。RNA不但影响蛋白质的合成，而且还影响神经元之间传递物质的释放，因此影响记忆过程的进行。

记忆的研究还表明记忆与突触生长、乙酰胆碱和乙酰胆碱酶等有关。

第二节　表　象

一、什么是表象

表象是指过去感知过而当前不在面前的事物在脑中再现出来的形象。现代认知心理学认为，表象是人们在头脑中以形象的形式对物体进行操作和加工，是物体不在面前时关于物体的心理复现。例如，我们见过许多著名的运动员，这些人目前虽然不在我们面前，但是我们在头脑中仍能出现他们的形象，这些形象就是表象。表象是记忆的重要成分，过去经验主要是以表象的形式反映在心理活动之中的。

二、表象的特征

表象虽然是在感知基础上形成的，但它实际上又摆脱了时空的局限，有自己明显的特征。

（一）直观性

直观性是指表象总是以生动具体的形象出现，并和过去的感知映象有很大的相似之处。由于表象在头脑里存在着一定的加工过程，因此，表象只能是真实物的类似物，它所具有的形象性与感知映象又是有差异的。这些差异主要表现在：

1. 表象不如感知映象完整，具有片断性、零碎性，有时甚至残缺不全，难以判别。

2. 表象不如感知映象稳定，具有动摇性、可变性，有时甚至变幻不定，难以捕捉。

3. 表象没有感知映象鲜明，具有模糊性、朦胧性，有时甚至暗淡不明，难以分辨。

例如，曾到北京游览的人，对于天坛的表象是很清楚的，但总不如正在观看天坛时那样鲜明、完整和稳定。

（二）概括性

概括性是指表象反映同一事物或同一类事物在不同条件下所表现出来的一般特点，并不是某一次感知的个别特点。它是在多次感知的基础上，经过信息加工产生的综合形象，因此，比感知觉具有更大的概括性。例如，我们看到的粉笔形象是具体的，但在回忆时，它的形象总是具有粉笔所共有的特点，是“粉笔”这一类事物形象的概括。

表象的概括是形象上的概括，混杂着事物的本质属性和非本质属性，不同于思维的概括，思维的概括是抽象的概括。

三、表象的种类

根据表象产生的主要感觉通道，可以分为视觉表象、听觉表象和运动表象。根据表象的概括程度，可以分为个别表象和一般表象。

（一）视觉表象、听觉表象和动觉表象

1. 视觉表象

指人们在视觉活动的基础上，在头脑中形成的关于事物的形状、大小、方位、颜色和空间等图象。如，画家可以在头脑中形成鲜明的、生动的、稳定的风景画面，以及人物、各种物品的视觉形象。

2. 听觉表象

指人们在听觉活动的基础上，头脑中产生的关于声音的音高、响度、音色的形象。主要有言语听觉表象和音乐听觉表象。如“余音绕梁，三日不绝”，就是一种音乐听觉表象。

3. 动觉表象

是和运动感知觉相联系的，在人们头脑中产生的关于动作力量、方向、速度的形象。例如，体操、游泳等动作的形象。当这些形象产生时，主体常常引起相应的动觉神经冲动，感受到有关肌肉的紧张。清晰的动觉表象可以帮助人们准确地掌握各种技能、技巧，是运动员、演员进行创作、演练的重要感性基础。

其他感觉如触觉、嗅觉和味觉等，也都有相应的各种表

象。由于人类社会实践的要求不同，各种表象可以获得不同程度的发展，表象的鲜明性也存在明显的个体差异。

（二）个别表象和一般表象

1. 个别表象

又称单一表象，是人们头脑中复现的某一具体事物的形象。例如，想起小学一年级的语文老师的形象：长长的头发、圆圆的脸、亲切的笑容等。

2. 一般表象

是指对于一类事物的形象。例如，“人”的表象，它概括了男人、女人、老人、小孩、中国人、外国人等的共同特征：有头、颈、躯干、四肢，会行走、能说话等。

个别表象和一般表象密切联系着，个别表象是一般表象的基础，一般表象具有更高的概括性。

四、表象的作用

（一）表象是认识过程的一个重要环节

表象从它的直观性看，接近于知觉；从它的概括性看，接近于思维，表象是介于知觉与思维的中间环节，是感性认识过渡到理性认识的桥梁。表象的积累和丰富对人的记忆活动、思维活动和想象活动都起着重要的作用。

小学低年级儿童的抽象思维尚未充分发展，因此，在他们的认识活动中，表象的作用尤为重要。我国的心理学工作者发现，在幼儿进行数的运算过程中，直接由实物计算过渡到抽象计算是比较困难的，如果在这个过程中有表象参与，就能较快地过渡到数字计算。

（二）表象是人们从事实践活动的必要条件

表象对人们的行为具有一定的调节、控制作用，为人们决策自己的活动提供了感性的基础。例如，人们要旧地重游，在出发以前，对到什么地方去，怎样去，走哪条路线又快、又顺利等，都会在头脑中形成各种各样的表象。即使学习一个简单的动作，也要有表象的参与才能顺利进行。画家、作家、工程师、运动员等的各种实践活动，都要求具有鲜明的、稳定的和完整的表象。

第三节　记忆过程分析

一、识记

识记是反复感知事物获得经验的过程，也是信息输入的过程。识记又称为学习，是记忆的开端。根据识记时有无明确的目的性和是否经过意志努力，可将识记分为无意识记和有意识记两类。在有意识记中，根据识记时所采用的方法和对材料的理解程度，又可分为机械识记和意义识记两种。

（一）无意识记与有意识记

1．无意识记

无意识记也叫做不随意识记，指事先没有预定的目的，也不需要任何意志努力的识记。例如，童年时看过的一部有趣的电视剧，至今记忆犹新。当时在观看时，并没有要去记住它的意图，它是自然而然地成为我们记忆中的内容的。

人有许多知识是由无意识记积累起来的，人们所接受的许多教育内容也是通过无意识记获得的。所谓“潜移默化”就是这个意思。无意识记在人的生活、学习和工作中具有一定的积极意义。因而在教学中，如运用恰当，可使学生在轻松愉快中获得应有的知识技能。但无意识记具有很大的选择性，只有在人们的生活中具有重要意义的，与人的活动任务和人们的兴趣、需要、强烈的情感相联系着的事物，才容易被记住。无意识记缺乏目的性，在内容上往往带有偶然性和片断性，因而单凭无意识记难以获得系统的知识技能。

2. 有意识记

有意识记也叫做随意识记，指按着一定的目的任务和需要采取积极思维活动的一种识记。例如，语文课上学生在背诵课文前的朗读就是有意识记。这种识记有一定的紧张度，但它能使人获得系统的知识和技能。日常的学习和工作主要依靠有意识记。

由于有意识记总是在一定的识记目的的指引下，并有积极的思维活动参与，所以在其他条件相同的情况下，有意识记要比无意识记效果好。彼得森（Peterson）对两组被试在有无目的的要求下学习 16 个单词的对比实验，表 3-1 中的结果充分说明这一问题。所以，教师在教学中应根据教学目的，向学生提出具体识记要求，并提供相应的活动，使他们把精力集中到学习材料上，以取得最佳的识记效果。

表 3-1　学习 16 个单词的对比实验

间隔时间 / 识记性质	当时回忆记住的单词数	两天后回忆记住的单词数
有意识记	14	9
无意识记	10	6

（二）机械识记与意义识记

1. 机械识记

指在对识记材料没有理解的情况下，依靠事物的外部联系、先后顺序，机械重复地进行识记。人们记地名、人名、地址等常是利用机械识记。机械识记虽是一种低级的识记途径，但在生活学习中是不可缺少的。

2. 意义识记

指在对材料进行理解的情况下，根据材料的内在联系，运用有关经验进行的识记。

由于意义识记是一种与思维活动密切联系的、积极主动的识记，是把材料整理后归到已有知识系统中的识记，所以它的效果总是优于机械识记。在表 3-2 中，肯斯莱（Kingsley）用三种不同材料比较识记效果，验证了这一点。心理学家布鲁纳曾指出："关于人类记忆，经过一个世纪的充分研究，我们能说的最基本的东西，也许就是，除非把一件件事情放进构造好了的模型里面，否则很快就会忘记。"因此，教师在教学中，凡有意义的材料，必须让学生学会积极开动脑筋，找出材料之间的内在联系；对于无意义的材料，尽量赋予其人为的意义，以保证记忆的效果。

表 3-2　三种不同材料识记效果的比较

材　　料	默读出的平均数
15 个无意义音节	4.47
15 个由 3 个字母组成的孤立英文单词	9.95
15 个彼此意义相关联的英文单词	13.55

二、保持和遗忘

（一）保持

保持是对识记过的事物在头脑中贮存和巩固的过程，是实现再认或回忆的保证。识记和保持都属于记忆过程中记忆的阶段。

识记过的事物在头脑中并不是 物品放在保险柜中，一成不变地保持着原样。信息在记忆中的保持是发展变化的，其中也经历着信息加工的过程。保持有两种变化倾向：保持内容量的变化和质的变化。

量的变化一般表现为：记忆内容中不甚重要的部分趋于消失，而较显著的特征却较好地保持，从而使记忆内容简略、概括、匀称和合理；另一方面，记忆内容中会增添某些似曾遗忘的特征，表现有记忆回涨的现象。

质的变化是指内容的加工改造，常受到个人的经验、动机等因素的影响。

图 3-2　记忆材料在保持中的质变

巴特莱特（F．C．Bartlett）采用图画复绘的方法测验记忆质变的情形，见图 3-2。图中左边的为刺激图形。先给被试中的第一个人看，要求他凭记忆将图绘出，再将第一个人所绘的图给第二个人看，看后同样凭记忆将看到的图绘出，然后给第三个人看，如此继续进行，直到第十八个人为止。图中垂直线右边的8个图形，就是该实验中的第一、二、三、八、九、十、十五、十八个被试者所绘的图形。从这些所绘图形可以看到：被试的记忆内容，在量上并未减少，甚至反而增加了；但从记忆内容的质上看，却起了很大变化，变化的方向越来越显示出图形的意义，却也越来越歪曲事实。

在保持过程中，质和量的变化是一个复杂的、有意义的内部活动过程，是心理活动的主观性的一种表现。

（二）遗忘

遗忘是对识记过的事物不能再认或回忆，或者错误地再认或回忆，它与保持是相反的过程。这两个性质相反的过程实质上是同一记忆活动的两个方面：保持住的东西，就是没有遗忘的东西，而遗忘了的东西，就是没有被保持住的东西。保持越多，遗忘越少，反之亦然。因此记忆力强的，总是保持得很多而遗忘得较少。但是，遗忘并非全是坏事，它对于精神健康和工作效率或许是不可缺少的要素。试想，假如你在打电话时，以前所有打过的电话号码一齐涌现在你的脑海中，你不感到烦琐和困难吗？

遗忘可分为暂时性遗忘与永久性遗忘两类。暂时性遗忘是指已转入长时记忆的内容一时不能被提取，但在适宜条件下还可能恢复。例如，学生考试时，由于疲劳或紧张，使得原先很熟悉的题目却不知从何答起，待过一段时间后才想起来。永久性遗忘是指记忆的材料未经复习就已消失，不经重新学习记忆不能再恢复。例如，考试中因没有复习到而答不出的问题。

遗忘是有其客观规律的，影响遗忘进程的有诸多因素：

1. 识记后的间隔时间

德国心理学家艾宾浩斯(H·Ebbinghaus)最早对遗忘现象作了系统研究。为了使学习和记忆尽量少受原有经验的影响，他以无意义音节为识记材料，以自己为被试者，把恰能正确背诵的材料经过一段时间间隔再重新学习，以重新学习时节省的诵读时间作为记忆的指标，制成不同时间间隔后的记忆成绩表，见表 3-3。依据这些数据绘制成曲线，见图 3-3，这就是著名的艾宾浩斯遗忘曲线，也称保持曲线。

表 3-3　不同时间间隔后的记忆成绩表

时间间隔（小时）	重学时节省朗读时间百分数
0.33	58.2
1	44.2
8～9	35.8
24	33.7
48	27.8
6×24	25.4
31×24	21.1

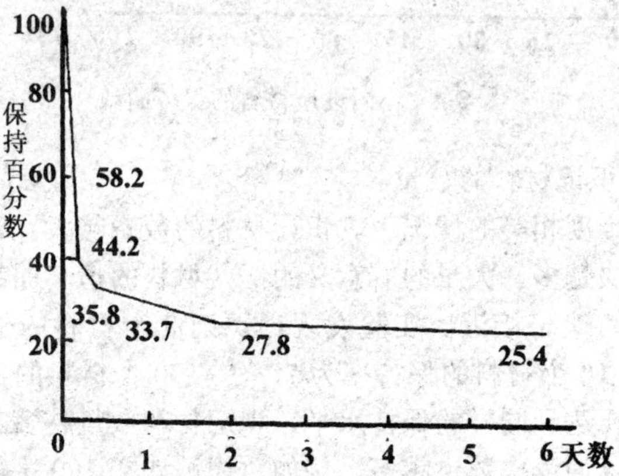

图 3-3　遗忘曲线

该遗忘曲线表明了记忆的保存量随时间而变化的规律：遗忘的进程是不均衡的，识记后的短时间内遗忘较快，以后便逐渐缓慢。艾宾浩斯以后，许多人用无意义和有意义材料做了大量的类似实验，结果基本上与艾宾浩斯遗忘曲线一致。

2. 识记材料的性质

不同性质材料的遗忘进程是不同的。熟练了的技能遗忘最慢，一年后只遗忘 29%，例如我们学会的游泳、打球等动作，虽多年不用，稍加练习即能恢复。有意义的材料比无意义材料要慢得多，见图 3-4：30 天后的保持量，诗歌为 42%，散文为 50%，而在艾宾浩斯实验中，无意义音节 31 天后仅能保存 21%。

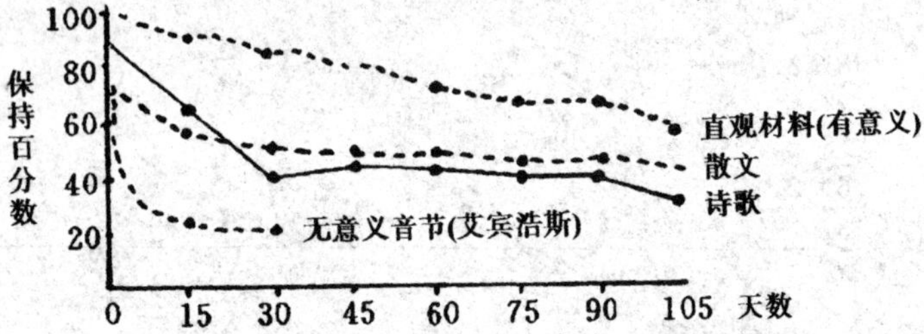

图 3-4 不同性质材料的保持曲线

3. 识记材料的数量

在难度相等的情况下，识记材料的数量越大，识记后遗忘也越快越多。大量的有意义的语文材料的遗忘曲线跟无意义材料的遗忘接近。实验发现，识记 5 个材料的保持率为 100%，10 个材料的保持率为 70%，100 个材料的保持率为 25%。要达到同样的保持水平，识记材料数量越多，平均用的时间或诵读次数也越多。例如，识记课文 100 字需 9 分钟才能成诵，500 字需 65 分钟，1000 字需 165 分钟。

4. 学习程度

指在学习过程中正确反应所能达到的程度。最初达到完全正确反应时的学习程度为100%，但此时仍较易遗忘，为了避免学后遗忘，常需过度学习。实验表明：33%的学习，遗忘为57.3%；100%的学习，遗忘为35.2%；150%的学习，遗忘为18.1%；超过150%时，记忆效果并不继续上升。

5. 前摄抑制和倒摄抑制

先后两种学习材料，由于相互干扰而影响遗忘进程，这种干扰表现为前摄和倒摄抑制。

前摄抑制是指先前学习材料的记忆对后来学习材料的记忆的干扰作用。例如，中国人学英语，对英文单词的发音不易记住，原因就在于受汉语发音的干扰。在无意义材料的识记中，前摄抑制是造成大量遗忘的重要原因之一，有意义的材料，由于联系较多，受前摄抑制的影响可能较少。

倒摄抑制是指后来学习材料的记忆对先前学习材料的记忆的干扰作用。倒摄抑制受许多条件的制约：第一，学习材料的类似性。学习材料的内容完全相同是复习；若完全不同，也不会引起抑制；只有当两种学习材料既有相同又有不同时，才会发生因材料类似而引起的抑制。第二，学习材料的难度。一般说，先学的材料容易些，干扰小些；后学的材料难些，干扰也大些。第三，时间的安排。先后学习材料的学习时间间隔越近，干扰作用较大，有一定时间间隔则干扰作用较小。第四，材料的巩固程度。对学习材料的巩固程度越高，越能抵御外来的干扰。

6. 识记材料与主体的关系

凡是对主体有重要意义的，符合主体需要和兴趣的，能激起强烈情绪体验的，一般不易被遗忘。

三、再认或回忆

（一）再认

再认是指主体对经验过事物再度出现时的识别。例如，一眼认出久别重逢的挚友。再认总是与知觉、思维、情绪等心理活动同时进行。再认有不同的速度和不同程度的确定性，主要取决于以下两个条件：

1. 识记的巩固程度

对事物的识记愈巩固、愈熟悉，再认的速度愈快、确信度愈高。反之，再认的速度慢、确信度也差。

2. 当前呈现的事物与唤起表象的相似程度

当前呈现的事物与该事物的表象变化不大，再认容易；否则，再认就困难。

（二）回忆

回忆是指经历过的事物不在面前，能够在头脑中重新呈现。根据回忆时是否有预定目的，可把回忆分为无意回忆和有意回忆。

无意回忆是没有预定目的、也不需要意志努力、自然而然发生的回忆。例如，触景生情。有意回忆是有预定目的、自觉发生的回忆。例如，学生回答教师的提问。有意回忆有时很容易实现，有时却需要做出较大的意志努力。那种根据有关线索、使用一定的策略、在意志努力下完成的有意回忆称为追忆。学生善于追忆是一种良好的回忆品质，对学习极有意义。

回忆常通过联想的形式进行，联想通常有下列四种方式：

第一，接近联想：在空间上或时间上相接近的事物容易形成联想，例如，由足球场想起一场激烈的足球赛。第二，对比联想：由性质上彼此相反的事物引起的联想，例如，由今日获得金牌的喜悦想起以往失败的痛苦。第三，类似联想：由性质类似的事物引起的联想，例如，由春天想到繁荣。第四，关系联想：由于事物之间的种种关系而形成的联想，例如，由刻苦训练想到运动成绩的提高。在识记时形成联想将大大有助于回忆。

再认和回忆是过去经验的恢复，是从记忆中提取信息的两种不同水平的形式，它们之间没有本质的区别，只有保持程度上的不同。能回忆的一般都能再认，能再认的不一定能够回忆。通常考试时的判断题与选择题主要是通过再认来解答的，问答题与填空题等主要是通过回忆来解答的。教师可根据不同要求出不同类型的试题。

第四节　儿童记忆的特点及培养

一、儿童记忆的特点

1. 有意识记的发展

儿童刚入学时，无意识记占重要地位，表现为无意识记和有意识记的效果相当。据研究发现，小学二年级儿童有意识记组正确回忆的百分比为43.0%，无意识记组正确回忆的百分比为42.8%。这是因为，此时的有意性还未转化为儿童自身的识记需要，识记的自觉性差。在小学二年级到小学四年级间，有意识记的效果提高迅速，有意识记组正确回忆的百分比由 43.0%提高到 51.5%，而无意识记效果无明显提高，正确回忆的百分比由 42.8%到 43.8%。从小学中年级起，有意识记开始占有一定的优势地位。小学低、中年级的有意识记发展最为迅速，有意记忆的总成绩的发展也最为迅速。小学高年级以后，儿童的有意记忆趋于成熟，发展速度就减慢，见图 3-5。因此，在小学教育中，特别要关心小学低中年级这个有意性迅速发展的关键时期，注意培养儿童的有意识记，提高有意记忆的能力。

2. 机械识记和意义识记的效果提高

在小学阶段，不论识记材料是便于意义识记还是只能采取机械识记，其识记效果都随年龄增长而提高。如，以某研究为例：意义识记正确回忆项目数，在小学二年级为 2.22，小学五年级为 3.22；机械识记正确回忆项目数，小学二年级为 1.09，小学四年级为 1.99。

意义识记的保持量高于机械识记。大量的实验研究证明，在小学的各年龄阶段中，儿童的意义识记的保持量都比机械识记的保持量高。这对现实生活中那种认为儿童“年龄越小越善于机械识记”的说法是一个修正。因为事实上无论是机械识记之间的比较，还是机械识记与意义识记的比较，机械识记的效果总是年龄越小越差。为此教师为儿童创设意义识记的条件是必须的。

（二）儿童保持策略的发展

1. 保持材料由偏重于具体的类型发展到抽象类型

识记的材料类型有具体的也有抽象的，小学生认知材料类型偏重于具体的、形象的，因此他们善于具体形象记忆。在具体形象材料和语词材料记忆之间，前者优于后者，在语词

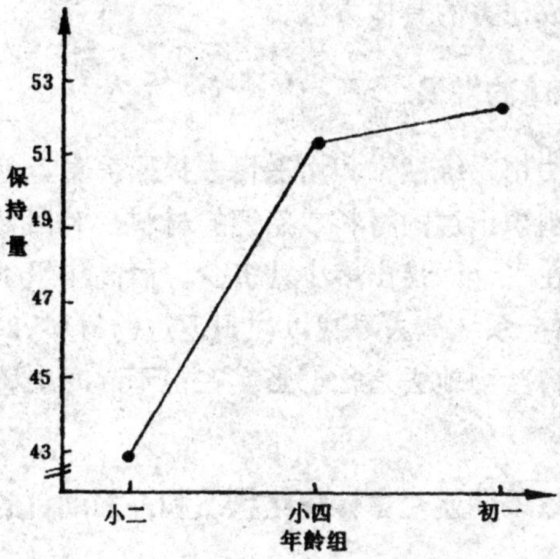

图 3-5　小学生有意记忆发展曲线

材料中，具体词的记忆又优于抽象词的记忆。小学生对概念的掌握水平不高，在教学中需为他们提供适量的具体形象材料，以促进小学生词的逻辑记忆的发展。

2. 保持时以视觉加工为主

有人用视觉、听觉单独接受信息和视听同时或先后接受信息的方式，看小学低、中、高年级儿童识记后保持项目的情况，发现整个小学阶段，儿童对以通过视觉接受信息的保持量为最高，视、听同时或交叉接受信息的保持量次之，听觉接受信息的保持量最低。低、中年级儿童尤以视觉记忆占绝对优势。高年级儿童已掌握一定数量的字词，于是开始以语义的形式进行加工，视觉记忆的优势现象相对减弱，但仍优于其他方式的记忆。因此，在整个小学阶段，凡需儿童识记住的材料，切莫忽视运用视觉通道来接受有关信息。

3. 逐渐会用重复、练习来保持信息

刚入学儿童对于接受信息后还要反复识记和练习才能长久保存这个道理不清楚，他们往往认为只要接受了信息，就可以长久保持下来。到了中、高年级，他们逐渐发现要使所接受的信息长期保存，就要反复识记和练习。因此，对于低年级的学生光布置诸如明天要背诵课文等笼统的任务是不够的，还要详细交待完成任务的具体方法。

（三）儿童回忆策略的发展

初入学儿童不会使用系统搜索和用追忆去提取信息，他们所能回忆的往往是刚识记过的材料或熟记的材料，对回忆的成绩既不清楚也不在乎，回忆出多少就多少。而高年级学生在提取信息时，开始会系统地去寻找以往识记过的材料，对于一时想不起的材料会努力地去追忆，当实在记不起时会感到遗憾、内疚。

（四）儿童的记忆效果明显受主体情绪状态和外加动机的影响

小学儿童记忆效果不仅受客观材料的种种影响，也受儿童识记时主观状态的影响。有研究发现，小学儿童在自然状态下，对情绪词的记忆和对中性词的记忆差别不大；情绪状态下对相应情绪词的记忆作用明显。因此在进行教学时，要提倡情境教学、愉快教学，以激起他们的情绪，提高学习的兴趣，使记忆达到最佳效果。

小学儿童识记活动的有意性正在发展中，识记的自觉程度还不高，常常需要由成人的提示和激励等外加力量的推动，才能使他们积极投入到识记活动中去。有研究表明，小学各年级儿童在由外力激发识记动机的情况下，都比没有外力激发识记动机时，识记成绩要高；不同性质的外加动机对识记的促进程度也不同。其中，二年级儿童在有物质奖励的情况下，识记保持量最高；而六年级儿童则在有精神表扬的情况下，识记保持量最高。为提高小学生识记效果，经常地、恰当地运用表扬和批评的手段是必要的。

二、儿童记忆能力的培养

（一）增强儿童识记的目的性

小学儿童一开始不善于根据一定的目的来识记，更不善于自觉地给自己提出识记的目的和任务。教师应经常给小学生，特别是低年级学生提出具体的识记任务，并对要求学生记住的内容进行严格检查，使学生具体地、真正地理解“记住”的含义，以提高识记的目的性。

（二）培养儿童良好的识记方法

1. 在理解的基础上进行识记。

2. 用尝试回忆法进行识记。要求学生熟记的材料，不宜采用一遍又一遍地单纯诵读的方法，而是要采用尝试回忆法。如背诵课文，诵读几遍后，合起书来回想其中的内容或尝试背诵，如果记不起或背诵不出时，再打开书看。这种方法使学习者始终处于积极思维的状态，且经常在调整着自己识记的具体目标，从而提高识记的效果。

（三）合理地组织复习

复习是儿童巩固知识、减少遗忘的基本方法。但怎样科学地组织复习呢？

1. 及时复习

根据遗忘进程先快后慢的规律，组织复习一定要及时，即当天学的功课一定要在当天就安排复习。小学生的课堂作业、家庭作业就是及时复习的一种手段。

2. 合理分配复习时间

复习的效果不是单纯地决定于复习的次数，复习具有累积效果。刚学过的知识不但要及时复习，而且也应适当地增加复习的时间，随着记忆巩固程度的提高，复习的次数和时间可逐渐减少，间隔时间也可以逐渐加长。连续地进行复习称为集中复习，而有一定的间隔时间的复习称为分配复习。一般来说，分配复习优于集中复习。只要平时坚持分配复习，必要时采取集中复习，会收到良好的记忆效果。

3. 复习多样化

复习不等于简单重复，要提高复习的效益，就要适当变换形式，力求生动、形象、富有情趣，有时也可提出新的理解要求，使学生感到新颖，激起智力活动的积极性，使所学知识更加巩固。让学生在运用知识的过程中来巩固记忆成果是最值得提倡的。

4. 形成知识结构

在记忆中，有些新信息能立即与原有知识相联系，有的则不能。因此，复习时要对学过的知识进一步加工，使之条理化、系统化，形成知识网络，才能记得多，记得牢，提取得快。

总之，在教学的各环节都要重视对儿童记忆能力的培养，只有这样，他们才可望获得良好的记忆品质：记忆的敏捷性、巩固性、正确性和自觉性。

[练习]

一、解释

记忆　表象　机械识记　意义识记　遗忘　追忆

二、填空

1. 记忆是由____、____和____构成的复杂的心理过程。

2. 信息加工理论认为，记忆过程是对输入信息的____、____和____的过程。

3. 按照记忆内容，记忆可分为____、____、____和____四种；按信息保持时间的长短可将记忆分为____、____和____三种。

4. 表象具有____和____两个基本特征。

5. 保持内容的量变有____和____两种情况。

6. 根据遗忘时间可将遗忘分为____和____两种。

7. 按照反映的事物间的关系，一般把联想分为____、____、____和____四种。

三、判断

1. 无意识记能使人获得系统的知识和技能。

2. 遗忘基本上是一种正常的心理现象。

3. 过度学习量越多越好。

4. 倒摄抑制是指先前学习材料的记忆对后来学习材料的记忆的干扰作用。

5. 能回忆的一般都能再认。

四、应用题

1. 分析自己在学习中造成遗忘的原因。

2. 如何培养儿童的记忆能力？

[阅读材料]

遗觉像

向儿童呈现一张内容复杂的画片，几十秒钟后把画片移开，使其目光投向一灰色屏幕上，他就会“看见”同样一张清晰的图画。这些儿童根据当时产生的映像可准确地描述图画中的细节，同时他们也清楚地觉得画片并不在眼前。图 3-

6 呈示的图片，在实验中被试报告说，他“看见”一条“卷尾鳄鱼”，一个“看得出嘴、眼的小孩”，“右边有一棵大树”，“后面有一棵小棕榈树”，“小孩和鳄鱼最清楚”。数出鳄鱼下颌有 18 颗牙齿。“我完全看不见鳄鱼的脚，它们都没在水里，我看见它的两条前腿和一条后腿，后面的两棵树有同一树干”。（还谈到别的细节）（H·Kluver，1926）。遗觉像是部分学龄儿童特有的反映现象，一般到青年期就消失了。

图 3-6　遗觉像的实验材料

孟昭兰《普通心理学》319～320 页　北京大学出版社　1994 年

前摄抑制和倒摄抑制

前摄抑制是先学习的材料对识记和回忆后学习材料的干扰作用。这种现象得到安德华德(Underwood)的实验的证实。实验者要求两组被试学习字表，第一组被试在学习前进行了大量的类似学习和练习；第二组被试没有进行这种练习。结果表明，第一组被试只记住了字表的 25%，而第二组记住了 70%。斯拉墨卡 (Slamecka) 的实验说明了前行学习的积累效应。被试是 36 名大学生，材料是 4 个相当难的句子，每句都由 20 个字组成，而且内容很相似，结果表明，前摄抑制随前行学习材料数量的增加而增加，也随保持时间的增加而增加。

后学习的材料对保持回忆先学习的材料的干扰作用，称为倒摄抑制。缪勒和皮尔扎克 (Müler & G. Pilzecker) 首先发现这种现象。他们让被试识记无意义音节后，休息 5 分钟，再进行回忆，结果回忆率为56%，如果被试在识记与回忆间从事了其他活动，回忆率就只有26%。这说明后面从事的活动对前面的学习起了干扰作用，因而使成绩下降。另外，詹金斯和达伦巴赫（J. G. Jenkins &. K. M Dallenbach）的实验也证实，干扰可能是遗忘的重要原因。他们要求被试识记10个无意义音节，达到一次能背诵的程度。然后，一部分被试即行入睡，另一部分则照常进行日常的工作。结果表明，照常工作对回忆所学的材料起了干扰作用，其回忆效果低于学习后即行入睡组的效果。

彭聃龄《普通心理学》319～320页　北京师范大学出版社　1988年

第四章　思　维

［本章重点］

1. 什么是思维？
2. 什么是想象？它可分为哪几种？
3. 什么是问题解决的思维过程？

第一节　思维概述

一、什么是思维

思维是人脑对客观现实间接、概括的反映，它借助于语言来实现，是认识的高级阶段。

思维与感觉、知觉一样，都是人脑对客观现实的反映。感觉和知觉是对客观现实的直接反映，它们所反映的是客观事物的个别和整体属性，而思维则是对客观事物间接和概括的反映，它所反映的是客观事物的共同的本质特征和内在联系。例如，人们研究“水”时，通过感觉和知觉能认识水的颜色、形态和温度，而通过思维能舍弃水的这些具体特征，认识到水在大气压力760毫米水银柱时，温度降到0℃就会结冰，升到100℃就会沸腾这样的规律。因此，人的思维是以感觉、知觉为基础的一种高级认识过程。

（一）间接性

思维的间接性是指通过其他事物为媒介来反映客观事物。例如，日常生活中，人们见月晕而知有风，观乌云而知有雨；医生通过化验病人的血液而诊断疾病；生理学家从狗的唾液分泌情况而推断其大脑皮层的活动规律；教师从学生的现实表现而分析其心理形成规律并制定教育方法等。思维的间接性可以使人理解或把握那些没有直接感知过的，或根本不可能感知到的事物，以推测事物过去的进程，认识事物的本质，预测事物的发展及未来。

（二）概括性

思维的概括性表现在思维反映的不是个别事物或其个别特征，而是一类事物的共同的本质特征。例如，儿童在学习过程中使用过各式各样的笔，每使用一支具体的笔时，开始总是先感知这支笔，产生这种笔的表象。表象已有一定的概括，这种概括只是对事物外部形象的概括。随着儿童年龄的增长，在实际生活中多次感知和使用过各式各样的钢笔、毛笔、圆珠笔、粉笔等，尽管这些笔的颜色和形状不同，但得出它们具有一个共同的本质属性——书写工具，这是在大量感知某种具体事物的基础上产生的高水平概括。概括的水平越高，人就越深入地反映事物的内部本质特征。

思维的概括性也表现在反映事物之间的本质联系和规律上。例如，船浮在水上，通过感知，人只能反映船和水在空间上的关系；而船放在水里能浮这类事物间的内部联系，只有通过思维活动才能获得。人能认识事物间的内在联系和规律，是以多次感知为基础进行概括的结果。

思维的间接性是以人对于事物概括性的认识为前提的。人之所以能见月晕而知有风，是因为知道月晕和有风之间的因果关系的结果，而这种认识正是由思维的概括性所获得的。因此，思维的间接反映和概括反映的特点是密切联系的。

正是由于思维反映的间接、概括性质，通过思维，人就可以认识那些没有直接感知过的种种事物，预见事物的发展变化，从而更全面、更深刻地反映客观事物。人学习历史经验，把握每秒 30 万公里的光的速度，预测化学元素，认识社会发展规律，创造艺术典型……无一不是通过思维进行的，有了思维，人们心理活动的领域无限广阔。

二、思维和语言

语言是人类社会中客观存在的现象，是一种社会上约定俗成的符号系统。语言是以语音或字形为物质外壳、以词汇为建筑材料、以语法为结构规律而构成的体系。言语是人们运用语言进行交流的过程。

语言是思维的主要工具。首先，思维之所以能对客观事物和现象进行间接的概括的反映，其主要原因是由于语言本身具有概括性、间接性和社会性等功能。例如，词具有概括性的特点，通过词人们才能把一类事物共同的本质属性概括出来，如前文提到的“笔”，如果没有标志一般东西的词，思维就无法进行间接的概括的反映。所以离开语言，人的思维，特别是抽象思维就难以进行。但语言不是思维的唯一工具，幼儿在掌握语言前，可以用声音、动作等来思维。其次，思维以语言作为客观刺激物，特别当具体刺激物不在眼前时，语言就成为思维活动的有效刺激物。对于抽象问题的思考，更需要借助于语言来实现。

语言也离不开思维。构成语言的词汇和语法规则是人类逻辑思维的体现，语言要依靠思维的内容和结果予以充实和发展。人们只有运用某种语言来思维，该种语言才有存在的价值。

思维和语言虽然有密切联系，但它们是两种相对独立的现象，二者间的区别主要表现在：

第一，语言是人们交流思想的工具，是一种社会现象。思维是人脑对客观现实的间接和概括的反映，是一种心理现象。

第二，语言的基本单位是词，而思维的基本单位是概念。同一个词可以代表不同的概念，而同一个概念也可以用不同的词来表达。

第三，语言和客观现实的关系是标志和被标志的关系，其间没有直接的必然的联系。而思维和客观现实的关系是反映和被反映的关系，其间有必然的内在联系。

第四，不同民族的语言有不同的语法规则，而人类的思维规律是相同的，都是由感性认识能动地发展到理性认识，又从理性认识能动地指导实践，改造客观世界和主观世界。

三、思维的种类

思维可以从不同角度进行分类。根据思维过程中的凭借物不同，可将思维分为动作思维、形象思维和抽象思维。根据思维探索目标的方向不同，可分为集中思维和发散思维。

（一）动作思维、形象思维和抽象思维

1. 动作思维

以实际动作为支柱的思维，也称操作思维或实践思维。3岁前幼儿的思维活动离不开触摸、摆弄物体的活动，他们的思维属于动作思维。成人也有动作思维。例如，体操运动员一边进行运动操作，一边进行思维。在体育运动和机械操作中，人们通常是凭借动作来调控行为和解决问题的。成人的动作思维是以丰富的知识经验为中介，并在整个动作思维过程中由词进行调节和控制，与没有完全掌握语言的幼儿的动作思维有着本质的差异。

2. 形象思维

以事物在头脑中存贮的表象为支柱的思维。学龄前儿童和低年级的学龄儿童主要是形象思维。例如，一年级小学生计算应用题“妈妈买了 9 支铅笔，用了 2 支，还剩几支”时，立即在头脑中出现妈妈和铅笔的形象，并利用铅笔的直观形象计算出还剩 7 支的结果。成人虽以抽象思维为主要形式，但也不可能完全脱离形象思维，特别是在解决比较复杂的问题时，鲜明生动的形象有助于思维过程的顺利进行。作家、画家等的文艺创作则更多地运用形象思维。

3. 抽象思维

以概念、判断、推理等形式进行的思维，也叫逻辑思维。例如，学生运用数学符号和概念进行数学运算或推导；科学工作者根据实验材料进行推理、判断等。抽象思维是人类特有的一种思维形式。

动作思维、形象思维和抽象思维既有区别又相互联系。在个体的不同发展阶段，它们的发展是不平衡的。当个体长大

成人以后，在解决问题时则常常是这三种思维的协同活动。

（二）集中思维和发散思维

1. 集中思维

指把问题所提供的各种信息聚合起来，朝着同一个方向得出一个正确答案的思维。其主要特点是求同。例如，已知三角形的底边长和高，求该三角形的面积。

2. 发散思维

指从一个目标出发，沿着各种不同途径去思考，探求多种答案的思维。其主要特点是求异与创新。例如，“试列举砖头的各种用途”，可能的答案是：造房子、砌围墙、铺路、作锤子、当画笔、作尺划线、掷人等。答案已把砖头的用途发散到各领域，并且每一个答案都是对的。发散性思维有三个主要特点：

（1）流畅性：单位时间内的发散量，也就是发散思维产物的个数。

（2）变通性：单位时间内发散方向的变换次数或发散产物的类别个数。

（3）独特性：单位时间内发散产物中的新异成分量。

第二节　想　象

一、什么是想象

想象是人脑对已有表象进行加工改造而创造新形象的过程。已有表象是指曾经感知过的事物形象。而新形象是想象者本人没有感知过的，或现实生活中还没有存在的，或根本不可能存在的事物形象，例如，方志敏烈士在1935年写《可爱的中国》时，头脑中就曾经有过新中国的形象。他说：“我们相信，中国一定有个可赞美的光明前途。……到那时，到处都是活跃的创造，到处都是日新月异的进步，欢歌将代替了悲叹，笑脸将代替了哭脸，富裕将代替了贫穷，康健将代替了疾苦，智慧将代替了愚昧，友爱将代替了仇杀，生之快乐将代替了死之悲哀，明媚的花园将代替了凄凉的荒地，这时，我们民族就可以无愧色地立在人类的面前，而生育我们的母亲，也会最美丽地装饰起来。”今天，这些理想都已成为现实，但在当时这是革命者对于革命胜利前景的一种充满信心的想象。

想象中的新形象不管新颖或离奇到什么程度，都不是无中生有凭空产生的，构成新形象的材料永远来源于客观现实。例如，孙悟空的形象是现实生活中不存在的，是作者把人和猴的表象经过加工构思，重新组合而创造出来的新的具有反叛精神的典型形象。天生聋哑人不会产生动听的音乐想象，先天盲人不会产生美丽的色彩想象，是因为他们没有这些方面的表象作为想象加工的材料。可见，想象虽然是新形象的创造，但它的内容和其他心理过程一样，来自客观现实，想象也是人脑对客观现实间接、概括反映的一种形式，是一种独特的思维活动。

二、想象的种类

根据想象时有无目的性和计划性，可将想象分为随意想象和不随意想象。根据想象的创造程度不同，随意想象又可分为再造想象和创造想象。幻想是一种特殊形式的想象。

（一）不随意想象和随意想象

不随意想象是指没有预定目的，在一定刺激的影响下，不由自主产生的想象。例如，观察天空的浮云时，有时突然觉得像一匹奔腾的马或其他类似的动物；上课时“溜号”的意境也是无意想象的一种表现形式。

梦是无意想象的一种极端形式。梦是无意识进行的，梦的内容有时十分荒诞，但它的构成成分仍然是已有表象的分解与组合，它们经过改造和加工，常常形成十分离奇的梦境。

引起梦的原因很多。有身外刺激引起的梦，例如，风吹树叶沙沙作响，可能做下雨之类的梦；由身体某部分的生理变化引起的梦，如胃中空虚，可能做劳动后感到饥饿之类的梦；有思绪紧张等心理性原因引起的梦，例如常说的“日有所思，夜有所梦”。

随意想象是指有一定目的、自觉进行的想象。人在实践活动中，为完成某项活动任务所进行的想象，都是随意想象，随意想象是想象发展的高级形式。

（二）再造想象和创造想象

再造想象是依照事物的图样、模型或语言的描述，在脑中构成事物新形象的过程。例如，我们收听一场球赛的广播，根据解说员的解释与描述，参照电台传来的比赛实况的各种声音，我们可以想象这场球赛的热烈场面，这就是再造想象。

再造想象虽然不是想象者独创出来的，但也有一定的创造成分，想象者总是依据自己的知识经验来形成相应的形象。由于个体之间的知识、经验、兴趣、情感体验等不同，对于同样的示意，会以各不相同的方式去创设新形象。例如，我们读毛泽东的《沁园春·雪》时，根据诗中的描绘，每个人头脑中再造出的冬日北国风光图可能是不一样的。

再造想象在生活和学习上具有很大的意义。借助于再造想象，人们就能重现别人所感受的、所创造出来的事物，这样不仅可以丰富自己的心理生活，而且也可以吸取别人的经验或依照别人的设计来组织自己的活动。在学习上，再造想象是理解和掌握知识必不可少的条件，借助于再造想象，可以更生动形象地掌握知识。

形成正确的再造想象，必须具备下列两个条件：

1. 正确理解词、图表等实物标志的意义

再造想象是由语言的描述、图样模型的示意等引起的，所以，必须正确理解这些实物标志的意义。

2. 丰富的表象储备

表象是想象的基本材料，表象愈多，再造想象的内容也愈丰富。再造想象不仅依赖于已有表象的数量，而且也依赖于已有表象的质量。

创造想象是指根据一定的目的任务，在头脑中独立地创造新形象的过程。例如，作家在头脑里塑造新人物形象的艺术构思。

创造想象具有首创性、独立性和新颖性等特点，它比再造想象困难、复杂得多。例如，鲁迅创造“阿Q”这一具有独特性的新形象，当然要比读者通过阅读《阿Q正传》在头脑中再造出“阿Q”形象困难。体操运动员设想创造一个新的高难动作是创造想象，我们根据体操运动员绘制的图解说明等，在脑中想象这一动作的过程是再造想象，前者也比后者难得多。当然，创造想象和再造想象也不能机械分开，创造想象必须依靠再造想象的帮助，而再造想象也有创造性的因素。

发展创造想象，必须具备下列条件：

1. 创造动机

社会生活本身不断提出创造新事物、解决新问题的要求，这种要求在人的头脑中得到反映，成为创造新事物的需要，从而获得创造想象的动机，产生活动动力。

2. 原型启发

人的创造发明不是凭空产生的，在其开端或准备阶段总会受到某种类似事物或模型的启发，即原型启发。在原型的基础上，经过联想（接近、相似、对比、关系联想等），才创造出新事物的形象。例如，木工巨匠鲁班在被茅草割破手的原型中获得启示而发明了锯子；阿基米德从洗澡时水溢出盆外的现象中得到启示而发现了浮力的原理。原型的启发作用在于原型的特征与要创造的东西有相似之处。其实，人的头脑中储存的知识和表象都可能会成为原型，因此，知识经验的积累是创造性活动的基础。

3. 思维的积极活动

创造想象是严格的构思过程，受逻辑思维的调节。例如，在创造一套艺术体操的过程中，动作形象的塑造、动作之间的组合、音乐节奏的安排等等都必须作出合理的设想，而这种设想就是一个积极思维的过程。

4. 灵感和艰巨劳动

在创造想象过程中，常出现一种“顿悟”现象，某一问题突然迎刃而解，关键性的新表象忽然呈现，这就是常说的灵感。灵感并不是一种偶然现象，而是艰巨劳动的结果。灵感状态的特征首先表现为人的注意高度集中在创造的对象上。这时，意识处于十分清晰和敏锐的状态，思维活动极为活跃，工作能有极高的效率。由于灵感的出现，解决了长期探索的问题，因此常伴随着巨大的情绪体验。

（三）幻想

幻想是一种与生活愿望相结合并指向未来的想象。如，小学生幻想成为一名宇航员，遨游太空。

幻想不同于再造想象，它不一定要通过他人的语言或符号描述所引起，因而有很大的独创成分。幻想也不同于一般的创造想象，表现在以下两个方面：

第一，幻想中所创造的形象，总是和个人的愿望相联系，并体现个人所向往的事物；而创造想象所形成的形象则不一定是个人所向往的形象。例如，鲁迅先生创造了阿Q形象，但阿Q并非是鲁迅先生所喜欢、所期待的人物。

第二，幻想不与当前的创造活动直接联系，它不是指向当前的物质产品或精神产品的创造，而是指向于未来活动。但幻想又常常是创造性活动的准备阶段。

幻想有两种形式。符合客观规律与社会要求，在现实中可能实现的幻想，称为理想。理想能把光明的未来展现在人们面前，鼓舞人顽强地去克服困难，坚定地朝着既定的目标前进，成为人们学习和工作的巨大动力。不符合客观规律和社会发展要求，在现实中毫无可能实现的幻想，称为空想。空想使人脱离现实，是有害的幻想。教师要积极引导学生树立理想，教育他们避免和克服空想。

第三节　思维的过程及形式

一、思维的过程

思维活动过程表现为分析、综合、比较、抽象、概括和具体化。分析和综合是思维的基本过程，其他思维过程是通过分析综合来实现的。

（一）分析与综合

分析是在思考中把一个对象或现象分解为各个部分或个别属性；综合是在思考中，把对象或现象的各个部分或个别属性联合为一个整体。例如，把一株植物分解为根、茎、叶、花等来加以思考，这是分析；也可以把根、茎、叶、花组成整株植物来加以思考，这是综合。

分析与综合是彼此相反又紧密联系的，它们往往是同一思维过程不可分割的两个方面，既相互联系又相互制约。没有分析，认识就不能深入，若只分析不综合，认识可能囿于枝节之见而不能掌握事物的整体。

不同的认识阶段，分析和综合有不同的水平。对事物感性形象的分析综合是感知水平的分析综合，对语言形象的分析综合就是思维水平的分析综合。

（二）比较

比较是在头脑中把各种对象或现象加以对比，并确定它们之间的异同。

比较是在分析和综合的基础上进行的。为了比较，首先必须了解事物的各个部分或特征，并认识事物间已分出的部分或特征间的关系，然后才能确定它们之间的不同点和相同点。因此，比较离不开分析、综合。

比较可以从不同的角度来进行。例如，对各种动物，可以从形态来比较，也可以从生活习性、内部结构等来比较。在比较复杂事物的性质时，必须以本质特征为依据，否则会得出错误的结论。比较不仅对现实认识起着极其重要的作用，而且容易看到事物的发展。

（三）抽象与概括

抽象是在思考中抽取各种对象或现象之间的共同的本质属性，舍弃非本质属性，并把这些共同属性和其他属性分离开来。概括是在思考中把抽象出来的各种对象或现象之间的共同本质属性结合起来。例如，教学中，让儿童对各种鸟进行比较，得出“有羽毛”“是动物”这些共同属性，并把它和其他属性（如颜色、形态、大小、飞行高低等）分离开来，这就是抽象。同时，把这些共同属性联合起来，从而认识到“鸟是有羽毛的动物”，这就是概括。

抽象和概括是在比较的基础上进行的，都是在词、语言的参与下进行的。只有通过抽象和概括，人才能认识事物的本质属性和规律，实现感性认识到理性认识的过渡。

（四）具体化

具体化是把抽象和概括出来的一般认识应用到具体的、特殊的事物上去的过程。例如，教学中，教师常常引用实例、图解、具体事物来说明原理、法则、规律等理论问题或概念。

具体化是认识发展的重要环节。它既可以使人更好地了解一般的东西（如原理、法则、规律等），又可以使一般认识不断地扩大、丰富和深入。

上述思维过程，彼此之间不是截然分开的，在实际解决问题的活动中往往是相互联系的统一过程。

二、思维的形式

通过思维过程，人们形成了各种概念，并用各种概念组成判断，用各种判断进行推理。概念、判断和推理是思维的基本形式。

（一）概念

概念是人脑反映事物本质属性的思维形式，它和词密不可分。概念借助词来表达、巩固与记载，同时概念赋予词以意义和内容。

每个概念都有它的内涵和外延。内涵是指概念所包括事物的本质属性，外延是指属于这一概念的一切事物。例如，"三角形"这个概念的内涵是：三直线围绕而成的封闭图形；外延是：有直角三角形、锐角三角形、钝角三角形等。

概念不是一成不变的。随着历史的发展，人类对客观世界认识的日益深入，概念也在不断地变化。例如，武器、宇宙等概念，都随着时代的改变、科学技术的发展而发生很大的变化。因此，概念是人类历史发展的产物。

（二）判断

判断是对两个以上概念的关系作出决断的思维形式，它一般用句子来表达。例如，"根是植物的一部分"，这是肯定的判断；“鲸不是鱼”，这是否定的判断；“糖是甜的”，这是事物属性的说明。

判断是在概念的基础上进行的，判断是更为高级的思维形式。

（三）推理

推理是从已知的判断（前提）推出新的判断（结论）的思维形式，反映了判断之间的关系。推理的主要形式有以下两类：

归纳推理是从特殊到一般的推理。例如，已知银、铁、铜、锡、铝等都能传热，从而推导出“金属均可传热”的结论。

演绎推理是从一般到特殊的推理。例如，已知“生物都有新陈代谢特征”，从这一原理出发，推导出“细菌是生物，也有新陈代谢”这一结论。

第四节　问题解决及创造性思维

一、问题解决

思维总是包含着一定未知的问题，而问题的解决必然在人的认知活动进行之中。

（一）问题解决的思维过程

1. 发现问题

这是解决问题的开端。一般来说，人对活动的态度越积极，越认真，越肯动脑筋，就越容易发现问题。另外，人的知识经验越丰富越是有探索精神,也越是能发现深刻的问题。反之，懒惰、浅薄、马虎的人，即是简单问题也是难于发现的。

2. 明确问题

明确问题就是分析问题，找到事物的主要矛盾，暴露问题的症结，使问题明朗化、具体化。要做到这一点，必须占有大量材料，充分调动已有的知识经验，运用各种思维形式，充分进行各种思维过程，才有可能达到目的。

3. 提出假设

拟定解决问题的原则、途径及方法的假定设想，这是解决问题的关键。假设往往用推理形式进行，问题越明确，假设越有针对性，越有利于问题解决。

4. 检验假设

以一定的方法确定所提出的假设是否符合客观实际，这是解决问题的最后一步。假设不是事实，必须通过检验。

假设的检验，可以运用以下两种方法：

(1) 利用已有的科学原理，在头脑中进行证伪、诘难，这是间接验证。

(2) 通过实践，进行客观的验证，这是直接验证，也是最重要的验证。

(二) 影响问题解决的因素

影响问题解决的因素很多,有情境因素也有个人因素,有客观因素也有主观因素。它们之间互相联系又互相制约，以下分析几种主要的因素。

1. 问题情境

指问题解决者所要解决的问题的客观情境或刺激模式。

一般来说，问题情境越简单、越显著，解决问题所需的条件都在问题解决者的视野中，解决问题越容易。相反，复杂、隐蔽的问题情境，将妨碍问题的解决。如图 4-1，已知正方形的内切圆半径为 2 英寸，求正方形的面积。甲乙两组学生分别做 A、B 两题，结果乙组学生解题比甲组学生解题快而且正确得多。

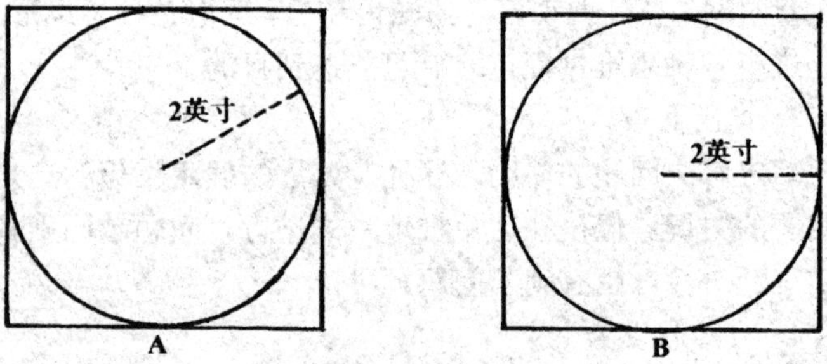

图 4-1　问题情境对问题解决的影响

2. 定势

是由先前的活动而造成的一种对活动的特殊的心理准备状态。这种准备状态有时有助于问题的解决，有时会妨碍问题的解决。

如图 4-2，要求连续画出 4 条直线通过方阵中的 9 个点，每个点只通过 1 次。被试花费很多时间企图在 9 个点形成的方框内得到答案，结果均不成功。这例子说明，定势的刻板性强烈地限制了被试根据实际情况灵活地解决问题。

3. 功能固定

指个体在解决问题时只看到某种事物的通常功能，而看不到它的其他功能。绝大部分的事物，在习惯上都有其明确而固定的功能。例如，钥匙是开锁的，铁锤是敲钉子用的等。

在问题解决过程中，能否改变事物固有的功能以适应新的需要，有时是十分重要的关键。

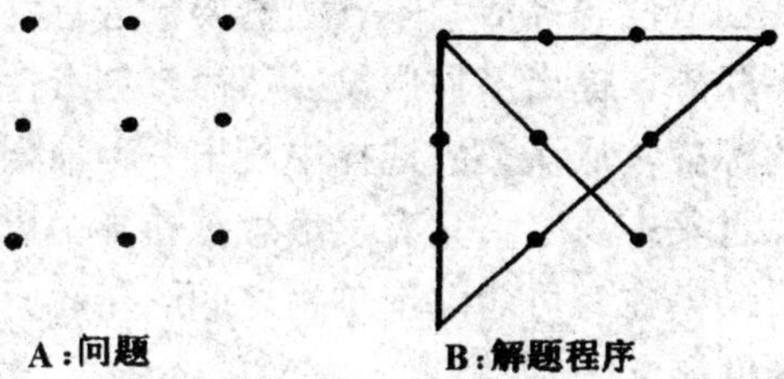

图 4-2　定势对问题解决的影响

4. 动机

中等适度的动机水平最利于问题的解决。动机太弱时，在问题解决中易被无关刺激所干扰而引起注意分散；动机太强时，注意过度集中在问题的解决上，会忽略情境中其他对于解决问题的重要线索。因此，过强、过弱两种水平的动机，都不利问题的顺利解决。

二、创造性思维

（一）创造性思维

创造性思维是指以新颖独创的方法解决问题的思维过程。通过创造性思维不仅能揭露客观事物的本质及其内部联系，而且能在此基础上产生新颖的、独创的、有社会意义的思维成果。

创造性思维主要有以下 4 个特点：

1. 新颖性

是创造性思维最本质的特征。创造性思维不同于一般的思维活动，它要求打破惯常的解决问题的方法，将已有的知识经验进行改组或重建，创造出个体前所未知的或社会上前所未有的思维成果。

2. 创造性思维是发散思维和集中思维相结合的产物

在创造性思维活动中，固然要求进行发散性思维，尽可能地多联想，提出多种假设。然而，创造性思维还必须根据一定的标准，从众多的选择中找出一种最合适的答案，这就必须经过集中思维。只有发散思维和集中思维的有机结合、协调活动，才有可能发现事物之间的新联系，提出新假设，解决新问题。

3. 创造性想象的积极参与

创造性想象提供的是事物的新形象，并使创造性思维成果具体化，因此它是创造性思维的重要环节。文艺作品中新形象的创造，科学研究中新假说的提出等都离不开创造性想象。

4. 灵感状态

灵感是在人以全部精力集中去解决问题时，由于偶然因素的触发而发生的顿悟现象。

（二）创造性思维的培养

创造性思维是在一般思维的基础上发展起来的，它是后天培养与训练的结果。创造性思维的培养应注意以下几点：

1. 激发好奇心和求知欲

有强烈好奇心、求知欲的人，对于所面临的问题决不满足于现成的答案或书本上的结论，而是积极地去思考，寻找问题的答案，试图发现新问题，作出新解释。好奇心和求知欲是探索问题的内在动力。为培养儿童的好奇心、求知欲，可以不断地创设变化的学习环境，向学生提出各种问题等等。对儿童的求知欲，教师、家长应加以重视和引导，切勿挫伤它。

2. 发展发散思维和集中思维的能力

培养学生的发散思维能力，应从思维的流畅性、变通性和独特性入手，着重启发学生从不同方面对同一问题进行思考。例如数学教学中的“一题多解”、作文教学中的“一事多写”，都是培养发散思维能力的方式。培养学生集中思维能力主要是培养学生抽象、概括、判断和推理的能力。

3. 鼓励和引导学生的创造性活动

要培养学生的创造性思维，教师应鼓励学生在学习活动中自己去发现事物间的联系，而不是用注入式给学生灌输死知识；要鼓励学生的创造性活动，不预先树立是与非、对与错的绝对权威。例如，问题：“树上有 5 只鸟，被猎人打死 1 只，还有几只？”公认的答案是：“都吓跑了，1 只也没有了。”但有一位儿童说：“还有 3 只。”他的解释是：树上这 5 只鸟中有两只大鸟和 3 只不会飞的小鸟，猎人打死一只大鸟，另一只大鸟吓飞了，剩下 3 只不会飞的小鸟躲在窝里。像该儿童超常性的创造性思维应多多鼓励。为培养创造性思维，教师还应引导学生积极参加创造性活动，如组织学生参加科技小组、文艺小组等。

第五节　儿童思维的特点及培养

一、儿童思维发展的一般特点

（一）从形象思维逐步向抽象思维过渡

小学阶段，儿童的思维逐渐由形象思维向抽象思维过渡，经历着相当长的过程。低年级儿童的思维虽然已开始有了抽象的成分，但他们所掌握的概念大部分是具体的，难以指出概念中最主要的本质的东西，他们的思维活动在很大程度上还是与面前的具体事物或其生动的表象联系着。只有在中、高年级，儿童才逐步学会分出本质和非本质的东西，学会掌握初步的科学定义，学会独立进行逻辑论证。但是，即使达到以抽象为主的思维水平，仍然带有很大的具体性。

在儿童的思维由具体思维向抽象思维的过渡，存在着一个转折时期。一般认为关键在四年级（约10～11岁），这个转折点何时实现，主要取决于教育。儿童思维的发展有着很大的潜力，正确的教育可极大地促进思维发展。

儿童思维的发展中，具体形象的成分和抽象的成分不断地发生变化，在不同的学科、不同的教学内容中表现出不平衡性。例如，同一儿童在数学的学习中，可以离开具体事物进行抽象思考，但在历史的学习中，却停止在比较具体的形象水平上，对于历史发展规律的理解感到很困难。又如儿童已能掌握整数的概念和运算方法，不需要具体事物的支持，可是当他们开始学习分数概念和运算时，如果没有具体事物的支持就会感到困难。

（二）儿童思维的基本过程日趋完善

儿童的分析与综合能力是在活动中形成、并在发展中表现出不同的水平。低年级儿童只能在直接感知的条件下进行分析综合。例如，用数手指或摆实物进行计算。随着知识的积累，小学中、高年级儿童已能在表象和概念的基础上进行抽象的分析与综合。

低年级儿童在进行比较时，不善于分清本质与非本质的特点。在解决具体任务时，往往不善于用比较的方法解决问题。儿童比较能力的发展具体表现为：从正确区分具体事物的异同逐步发展到区分抽象事物的异同；从区分个别部分的异同逐步发展到区分许多部分的关系的异同；从直接感知进行比较发展到运用语言在头脑中引起表象进行比较。

（三）儿童形象思维的发展

想象是一种形象思维，儿童的想象发展有以下一些特点：

儿童想象的有意性，随年级增高而不断提高。低年级儿童，在想象时容易离开主题，根据自身的过去经验作自由联想。高年级儿童，智力活动的控制能力增强了，能围绕主题进行想象。例如，对“春天”的主题，低年级儿童对春天情景的想象可能是东拉西扯的，常把一些情绪性的内容不分轻重主次地联系起来，有时甚至脱离主题，而高年级儿童能围绕“春天”这个中心，有系统有条理地展开想象。在教学过程中，各科教师都要求儿童学会利用已有的知识，作符合教材内容和教学要求的想象，促进儿童想象有意性的发展。

低年级儿童的想象常常与现实有一定的距离，或不能确切地反映现实事物。他们喜欢童话故事、神话故事和动画片，在绘画时常出现比例结构不合理或与现实差距太大的情况。中年级以上的儿童，由于知识经验的积累，想象更富有现实性，能更真实地表现事物。

儿童想象创造性的发展是指从再造想象中有渐次增多的创造性成分，扩展到独立地进行创造想象。低年级儿童想象的形象往往具有复制性和模仿性，创造加工的成分不多。例如，小学生去参加秋收劳动，回来后让他们凭借想象去描述秋收的情景，低年级儿童往往只能说出那些具体的、直观的事情：地里长的玉米、收割的人群、场上堆放的玉米棒子等，一般是再现他们看到的事情多，想象是零散、贫乏且低层次的。在教学影响下，随着儿童言语和抽象思维的发展，想象中的创造成分日益增多，能对已有表象作出真正的创造性的加工。例如，一篇五年级学生的作文《秋收》中写道："玉米长得多好呀！肥壮的玉米上挂着红缨缨，像千百杆红缨枪挺立在青纱帐里。有的玉米地已经收割完了，黑油油的土地散发着泥土的香味。我们到了村子里的场院，只见那里堆了一大片玉米，它们就像胖娃娃似的，一个挨着一个在场院上甜睡。风一吹，玉米衣飞扬起来，像是朝我们招手，表示欢迎。"

想象概括性的发展指想象从有很大的具体性、直观性向有一定的总结性、逻辑性发展，表现为想象所凭借的依托物由实物向语词演变。低年级儿童想象必须依靠具体的对象，而中、高年级儿童可凭借词来想象。例如，上文提到的《秋收》，就是在词的思维水平上进行想象。

（四）儿童抽象思维的发展

由于感性知识的丰富、表象的积累、概括水平的提高，高年级儿童能较正确地掌握概念。在语文教学中，一般的可以概括出文章的段意和主题思想；在自然课教学中，学生可以指出动物与植物本质上的区别、雷电现象的成因等。但是，对高年级儿童抽象、概括的能力和对概念的理解不可估计过高，只是初步接近科学的概念罢了。

高年级儿童能运用概念组成较恰当的判断。例如他们根据粮食作物的特征，判断麦子是粮食作物，但还不能对事物的复杂关系作出精确的判断。

高年级儿童在推理上已能掌握简单的逻辑常识，由一个或几个判断推出另一个新判断的能力提高了。

二、儿童思维能力的培养

（一）发展儿童的语言

发展儿童的语言是小学各科教学面临的共同任务。教师应通过各种途径丰富学生的词汇，使学生获得发展思维有得心应手的工具。例如，通过引导儿童阅读课外读物，参加演讲、辩论、编写黑板报等，让学生掌握更多的词汇，推动思维的发展。

（二）丰富儿童的感性经验

思维是在感知觉基础上进行的高级认识活动，思维的全部材料来自感性经验。帮助儿童掌握丰富的、生动的感性知识是发展儿童思维的必要条件。

在教学中，教师应注意适当运用实物、图片等直观教具，并根据教学需要组织参观访问、游览等活动，丰富儿童的感性经验，同时要善于引导儿童进行抽象的思维活动，只有这样才能有效地推动儿童思维的发展。

（三）在教学中加强儿童的思维训练

1. 运用变式和比较

掌握正确的概念是发展儿童思维的首要环节。在概念形成中，变式和比较起着重要的作用。变式就是将概念的正例（一切符合概念范围的具体实例）加以变化，排除无关特征，突出有关特征。比较则是在正例与正例、正例与反例之间作对比，便于发现例证之间的共同的本质特征和非本质特征。例如，教师在讲述“直角三角形”概念时，由于多次在黑板上绘图时，都把直角放在下方，如图 4-3A，以至于许多学生见到图 4-3B 时不认为它也是直角三角形。显然，学生把非本质属性当成了本质属性，是教师教学中未能运用变式和比较的结果。

2. 概念体系

概念与概念之间存在着各种联系，要教会学生在概念系统中掌握概念，使知识系统化，能做到举一反三，触类旁通，发展儿童的思维能力。

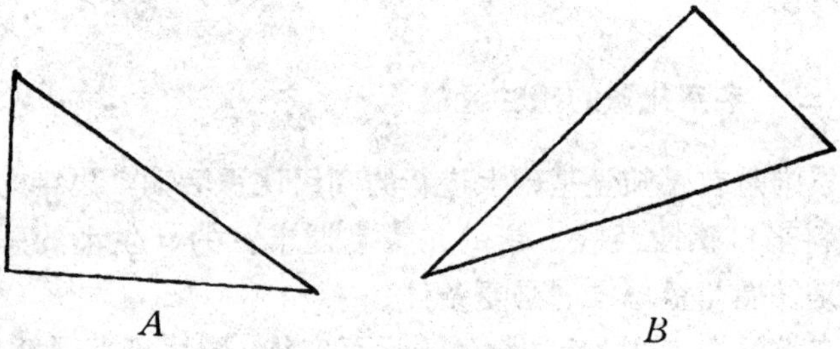

图 4-3　直角三角形

[练习]

一、解释

思维　想象　概念　定势　创造性思维

二、填空

1. 根据思维过程中的凭借物，可将思维分为________、________和________三种。

2. ________、________和________是发散性思维的三大特点。

4. 根据目的性能把想象分为________和________；根据创造性程度有意想象又可分为________和________。

4. 思维的基本过程是________；思维的形式有________、________和________。

5. 问题解决的思维过程可分为________、________、________和________。

6. 创造性思维是________和________相结合的产物。

三、判断

1. 语言是思维的主要工具，但没有思维，语言就成了毫无意义的符号和声音。

2. 梦是无意想象的极端形式。

3. 鲁迅先生塑造"阿 Q"形象的过程是再造想象。

4. 灵感是灵机一动的产物。

四、应用题

1. 从思维的种类分析自己的思维特点。

2. 如何培养儿童的创造性思维？

[阅读材料]

语言和言语的关系

一、语言是工具（交际的工具、思维的工具），言语则是对这种工具的运用。语言是社会现象，具有较大的稳定性；言语是心理现象，具有个体性和多变性。不仅每个人都有自己的言语风格，而且同一个人在不同的场合，其言语表达方式也不同。研究语言的科学是语言学，而言语活动则是心理学的研究对象。

语言和言语又是互相联系的。言语不可能离开语言材料而存在，离开语言这种工具，人就无法表达自己的思想或意见，也就无法进行交际活动。语言也离不开言语，因为任何一种语言都必须通过人们的言语活动才能发挥其交际工具的作用；一旦某种语言不再被人们用来进行交际，它终究要从社会上消失掉。总之，语言和言语既是互相联系又是互相区别的。

黄希庭　《普通心理学》　362页　甘肃人民出版社　1982年

二、例如皮亚杰认为，从儿童思维和言语发生和发展的角度看，思维也可以先于言语而产生。他认为儿童在1.5岁至2岁初，就已经具有“感知——运动智力”，这种智力自有其“行动逻辑”。当儿童已学会把毯子拉到身边以取得它上面的玩具后，他就能够用拉毯子的方法取得上面的任何别的东西，并且他会去拉一根绳子以取得在绳子另一端的东西。这说明儿童能够在行动中形成概括。其次，皮亚杰引证法国和美国心理学者关于聋哑儿童的研究，指出聋哑儿童虽然没有言语，但其思维逻辑结构的发展比正常儿童只是时间上稍微迟缓，而这种迟缓也与聋哑儿童缺乏有利的环境影响有关。他因此断言，14～16个月的儿童智力结构的发展不是以言语的发展为前提的，这种智力结构的发展反而是儿童言语发展的基础。

皮亚杰《发生认识论》译文载《教育研究》　1979年第二期

第五章 感 情

［本章重点］

1. 什么是情绪？什么是情感？
2. 情绪、情感各有哪些类别？
3. 感情与认识有什么关系？

第一节 感情概述

一、什么是感情

在认识世界和改造世界的种种心理活动中，面对现实的对象和现象，人不可能冷若冰霜，无动于衷。那些与主体需要密切相关的事物，常常掀起主体精神上的波澜，一些使人欣喜、赞叹，另一些则使人痛苦、忧伤……这些都属于人的感情。

感情是人对客观事物与主体需要之间关系的体验。一般来说，凡能满足人的需要的事物，易于引起肯定的正性感情；凡不能满足人的需要的事物，则易于引起否定的负性感情。由于人的需要不同，尽管是面对同一事物，各自的感情可能是不一样的。例如，赢了一场关键的球赛，场上主力队员欣喜若狂，场下替补队员兴奋羡慕，而因某种原因迟到的个别主力队员则会为失去了表现的机会心中怅然若失，甚至悔恨不已。

由于需要的不同，感情主要可区分为情绪、情感两大类别。

二、感情与认知的关系

尽管感情中有更多的主观体验成分，但它仍然是客观现实在人脑中的反映过程。认知过程是对客观事物本身特性的反映，感情则更多地反映着主体、客体的关系。

感情与认知过程又是紧密联系的。感情是在认知基础上产生的，若对一事物全然不了解，它与主体的需要也不发生关系，此时的人是很难对此有感情的。只有对事物的意义有了认识，理解了它与人需要的关系后，感情才能产生。有什么样的认识，就有什么样的感情，认识改变了，感情也会变化，认识深化了，感情也会深化，所谓知之深、爱之切就是这个道理。

感情一旦产生，反过来又会作用于认知过程，积极的正性感情往往成为认识活动的动力，它能促进认识的开拓与深化，而消极的负性情绪常常会变成认识活动的阻力，降低认识活动的效率和水平。

三、感情的基本功能

感情包括的内容广泛，功能众多，这里列举主要的三点。

（一）感情的动力性作用

近代普通心理学的研究表明，感情是一个基本的动机系统，它能促进人们在各个领域内的行为活动。例如在中长跑项目进行中，运动员产生了缺水、缺氧的生理需要，但仅仅这种生理驱力并没有足够的力量去改变行为，而与此同时产生的运动激情则放大着这种内部信号，从而合并成为发动行为的强大动机，策动运动员继续拼搏，向终点冲刺。

（二）感情的组织协调作用

人的心理是一个整体，作为独立的感情过程对其他心理活动还有组织、协调作用。一般来说，正性的感情起着调动、促进的作用，上述例子就是证明，而负性感情往往起着破坏、瓦解的作用，例如在中长跑项目进行中，因为恐慌、害怕而将缺水、缺氧的驱力反向放大到不能忍耐的限度，造成动作失调，中途放弃拼搏，退出比赛。

（三）感情的交际作用

近代社会心理学的研究表明，有机体的感情表现：面部表情、身段表情、声音表情，都具有信号作用，是人际间信息交流的重要手段。在人的言语前期，情绪是婴儿与成人互相沟通的主要手段。就是在人的言语发生之后，情绪、情感的信息渠道，仍然是言语交际的重要补充。人与人之间的感情交流，往往使彼此都受到感染，促进人际间思想共鸣与沟通。

第二节 情 绪

一、什么是情绪

情绪是人对客观事物与更多的生物需要之间关系的体验。情绪是感情的初级形式，它为人和动物所共有。

情绪具有明显的遗传痕迹，哭、笑、哀、恐等情绪是不学而会的。情绪往往有明显的外部表情特征，开怀大笑、捶胸痛哭都是我们熟悉的。情绪可由事物的个别特点引起，情境性强，冲动而不稳定，这些在小学生身上，我们常常可以观察到。

人类的情绪虽然有生物的继承性，但与动物的情绪有着本质的区别，因为人的需要必然受到社会因素的制约，纵然是生物需要，无论是需要的对象还是满足的方式上都与动物截然不同。

二、基本情绪

人的情绪是很丰富的，但其中最基本的有四种。

快乐是期望目的达到、紧张解除而获得的正性情绪体验。需要的满足，安全、舒适是快乐的最初来源。快乐增进着人与人之间的社会性联结，增强着人的自信，紧张后的快乐使人获得身心的平衡与放松。

悲哀是失去期盼和追求而产生的负性情绪体验。需要的不被满足，分离、失败、不公正等是悲哀的最初来源。悲哀松懈着人与人之间的社会性联结，销蚀着人的自信，使人沮丧、消沉。

愤怒是愿望受限、目的受阻累积而生的负性情绪。需要满足的过程受挫，受控制，侮辱、持续的痛苦是愤怒的最初来源。愤怒常常导致紧张、冲动、敌意，导致攻击行为，破坏人的身心平衡。

恐惧是企图逃离某种情境时产生的负性情绪。安全需要受威胁，危险、痛苦、突然的巨大变化都是恐惧的最初来源。恐惧常常导致不肯定及危机感，导致压抑、退缩及逃避，危害人的身心健康。

以上情绪在体验上是单纯而不复杂的，人的许多复杂情绪是在此基础上派生、复合而成的。

三、常见的典型情绪

根据发生过程的强度、速度、持续时间的不同，常见的典型情绪有如下几种：

（一）心境

这是一种强度微弱、持续较久的渲染性的情绪。心境具有弥散性特点，它没有明确的针对性，但却影响到人的整个精神生活。一个运动员处在愉快心境时，他感到树在招手，花在点头，仿佛万事称心如意。倘若他处在哀伤心境时，则会感到树要折腰，花要溅泪，仿佛日月都暗淡无光。

许多人认为心境不可测，其实它是有原因的。对一个人来说，事业的顺逆、人际关系的好坏、季节更替、环境变迁、机体状况……都可能成为某种心境的原因。

某种心境，有的人可能持续一天或几天，可有的人则可能持续上月，甚至更长。一个人经常体验到的心境与其生活道路密切相关，稳定的心境往往成为性格的情绪特征。

心境会影响人的行为活动。具有愉快振奋心境的人，即使是碰到巨大困难，他也有信心克服；相反，具有消极心境的人，即使面临一份条件优越的工作，也容易感到乏味。有愤懑心境的人往往迁怒于人，表现出莫名的焦躁和缺乏礼貌。一个人长期处于消极心境之中，则不利于学习、工作，甚至还会损害身心健康。

人是有主观能动性的，我们只要加强学习和修养，提高认识，弄清心境的原因，就能用理智控制自己的心境，并正确评价它，成为自己情绪生活的主人。

（二）激情

这是一种具有爆发性的、强度极大、持续时间较短的情绪。它往往与强烈的外界刺激、对立意向的尖锐冲突、过度抑制等作用有关。激情有很强的表现力，而且以有很强的针对性为特点。足球比赛中，球迷们狂喜时手舞足蹈，放声呐喊；暴怒时厉声叫骂，甚至不恰当地打人毁物……都是激情致使。激情的爆发往往像一阵旋风骤起，它笼罩着整个人，此时的主体常常难以控制自己的思想和行为，不能预见，不能评价，甚至不清楚自己在做什么，眼前只有引起激情的对象，处于一种意识狭窄的状态之中。

在生理学上，激情是皮层下中枢失去大脑皮层调节控制的结果。在激情爆发时，人是难以进行意志调控的。但是，激情都有一个酝酿的阶段，人可以有意识地控制这个过程，运用转移注意、干扰行为等方法，延缓爆发或减弱其强度。当然，控制不良激情最根本的办法，还是加强思想修养，提高认识水平，培养文明的行为习惯。

有些激情具有积极的社会意义。一个战士为人民的利益舍生取义的激情，一个运动员为国争光奋力拼搏的激情，均是造就英雄行为不可缺少的成分，均是应受到鼓励的。

激情仍然是人对客观现实的一种反映，它是人感情宣泄的重要渠道，调节得当，有利于身心平衡与健康。有些激情，即是消极的，如失去亲人的悲恸、大赛惨败的哀痛，适度的宣泄也是有益的，过度的控制，反会引起机体某些功能失调，严重的还会导致某些躯体和精神疾患，这是近代心身医学越来越关注的。

（三）应激

这是一种在出乎意料的紧张情况下引起的强烈情绪，在灾害、险情不期而至时常有发生。面临突变的处境，人往往需要迅速判明情况，瞬即作出重大决定，此时，处在应激情绪之中的人常有两种表现：一种是急中生智，调动体内各种力量，积极行动，做出应付意外紧张的合适反应。在运动竞赛中，这往往是超水平发挥运动员临场情绪的特点。另一种则是惊慌失措，或目瞪口呆，或手忙脚乱，以致身心紊乱，行为失常，不能应付意外紧张，甚至酿成重大事故。这亦是部分运动员平时训练生龙活虎，可一遇比赛判若两人的原因，他们，在场上头脑一片空白，行动呆若木鸡，心理失常，技术失常，不能取胜的原因。

处在应激情绪控制下，人体生理、生化等因素发生急剧改变，肾上腺素分泌增加，呼吸急促，心跳加快，以动员身体潜能，应付外界突变。研究表明，一个人长期处在这种情况下，将使身心关系紊乱，免疫能力下降，导致一种对疾病的易感状态，不利于身心健康。

第三节　情　感

一　什么是情感

情感是人对客观事物与更多的社会性需要之间关系的体验。情感是感情较为高级的形式，它是人所独有的。

情感在外部表现上不如情绪那样强烈，也很少伴有明显的机体状态改变。但它较为稳定、长期、深沉，不为情景所左右，常常由对象的整体特点引起，与其社会价值、意义密切相关。

人的精神、文化等高级需要是在人类社会发展的历史过程中形成的，由这些社会需要导致的情感也在历史变更的过程中，特别在人际交往过程中发展、演变着。稳定的情感是主体对通常情绪生活概括化的结果，稳定的情感也是在不断变化的种种情绪之中得到表达和体现的。

因此，情绪、情感之间虽有差别，但没有非常严格的界限。

二、几种高级情感

（一）道德感

所谓道德感是主体对人们的言行举止、思想意念是否符合其道德需要而产生的情感。

人在社会交往中，学习掌握社会的、历史的道德标准，并将部分转化为自己的道德需要，并以此评价着他人和自己的言行。对严于律己、专门利人高尚品德的崇敬，对奴颜婢膝、忘恩负义劣迹的鄙视，珍贵的友谊感、崇高的责任感、神圣的爱国主义使命感等都属于道德感。

道德感有三个明显特点：

1. 有明显的社会制约性　一般来说，个人的道德感，往往受社会上实际占统治地位的道德标准所左右。不同的历史条件，不同的社会制度，不同的阶段，其道德标准是不一样的。封建社会推崇忠臣、义仆、节妇；资本主义社会赞颂个人奋斗的强者，而社会主义社会宣传的则更多是不断为人民立新功的集体主义的英雄。

2. 表现的复杂性及多面性　由于道德需要是高层次的复杂需要，所以道德感的表现就比一般情绪复杂得多。例如，爱国主义的情感既表现在无限热爱祖国和人民、赞美祖国大好山河之中，也表现在对敢于来犯之敌的仇恨之中。歌曲《我的祖国》对此作了多方面的展示。又如友谊感，既表现在朋友取得成绩为之欣喜，也表现在朋友遇到挫折时寄予同情和鼓励，还表现在遭到朋友误会时的忠诚，甚至表现在生死关头为朋友舍身。

3. 促成有积极意义的个人行动　道德感往往成为个人做出英雄举动的内部动机，志愿军英雄黄继光舍身堵枪眼，孔繁森为西藏人民鞠躬尽瘁……数不清的光辉事迹都证实了这一点。广大工人、农民、运动员努力生产、辛勤劳作、奋力拼搏，往往也是怀着对祖国的热爱、对社会的责任而自觉进行的。

所谓良心，实际上是个人对自己的言行在道德情感上的自我评价，它是道德感中自我意识的明确表现。一个良心纯正的人，必然是一个有社会责任感、义务感的道德高尚的人。

（二）理智感

是在智力活动过程中，主体对客观事物与求知需要之间关系的体验。

理智感是在人的认识过程中发展起来的，它与人的认识兴趣、求知欲望紧密相关。对新生事物的好奇，对获得解决问题办法的惊喜，对久久不能认识、判断的迟疑，在探索真理道路上遭遇多次失败的苦恼……这些都属于理智感。稳定的理智感反过来会推动认识的深入，成为发展智力、改造世界的动力。

幽默和讽刺属于高级的理智感。

引起幽默感的对象，一方面受到主体的肯定评价，但另一方面却又包含明显的、引人发笑的缺点。幽默中的笑是含蓄、深沉的，它是诉诸思考后的产物，心智能力越高的人，越容易体验由幽默造成的独特氛围，去品味幽默，创造幽默。

讽刺感中包含一种对人对己的尖锐批评态度，它往往是在评价对象时发生的，无情而巧妙地抨击对象的失策和错误，思想性强、严厉而不宽恕，是讽刺感的重要特征。

学生在认知性的学习过程中，同时也在进行理智感的学习。一个好的教师，在传授知识的同时，还应善于培养和保护学生的理智感。教师爱护和期望的态度，会明显地促进学生的这种情感，使学习产生料想不到的飞跃，在各科教学中，这样的例子不胜枚举。

（三）美感

这是主体对客观事物是否符合个人美的需要而产生的情感。

美的需要是一种高级的社会需要，人类美的需要是在游戏、情爱、劳动之中产生的。被主体认定能满足美的需要的事物，既可能是大自然中的景物，也可能是某些社会现象、艺术作品等等。这些事物往往都具有某种均齐、协调、统一、新颖的直觉形式，同时也具有符合某种社会标准价值的内容，它们使主体产生一种共鸣的和谐、愉悦的心理状态，使主体一而再、再而三地去感受和欣喜，甚至感到迷恋。

美感常是与快乐的情绪相联系的，但也不绝对如此。当人们欣赏悲剧，被剧中命运多舛的人物引起凄然的情绪，甚至泪湿衣衫时，体验到的仍是一种美的享受，表演悲剧的演员就更是如此。

人类的某些美感，具有社会历史制约性。在封建社会里，妇女缠小脚被认为是美，可在现代社会却被认为是对人的摧残，是一种陋习。但也有一些东西，如美丽的花朵、锦绣的河山等自然景物，一些极具艺术价值的文物珍品，会引起不同时代、不同阶级人们的共同赞美，这也是不容回避的客观事实。

第四节　儿童感情发展的特点及培养

儿童进入小学，成为正规的学生，学习活动、集体生活、劳动及文体活动，使他们的实践领域大大扩展了，学校不断向儿童提出各种要求，这些社会的要求改变着儿童的生理需要，促进儿童社会需要的积极发展，随着年龄的增长，儿童也越来越多地参与社会生活，与幼儿相比，感情发展有了巨大的变化。

一、儿童感情的特征

归纳起来，小学儿童的感情有以下三个特征：

（一）感情内容不断丰富，体验逐渐深化

各种科学知识的学习，打开了儿童的眼界，四季为什么会更替？鸟儿为什么会飞翔？花草为什么那样多姿多彩？什么是电？什么是风？各种运动项目是如何产生的？为什么有奥运会？……各种自然、社会的对象、现象展现在孩子们面前，老师的引导使他们兴趣高涨，求知的欲望使他们注意、沉思，学习活动使他们兴奋、疑惑、惊奇、欣喜。文学作品中的优秀人物使儿童爱慕、敬仰，而反面人物又让儿童憎恨、厌恶。历史事件中的壮烈场面使儿童缅怀，数理科学的严密推理和运算使儿童折服、感叹。祖国幅员辽阔、山川壮丽、历史悠久、人民勤劳……对这一切的了解，使儿童爱祖国、爱人民的感情油然而生。

儿童感情的深化还表现在越来越多地用社会的标准来解释、评价自己的体验。例如小学儿童对父母的爱已不再被简单归结为父母满足了他们的生活需要，还包括了他们对父母劳动的尊重，对父母品行的崇敬，甚至还包括要想给父母以精神上的安慰等复杂用心。

（二）情绪冲动减少，稳定性增加

在教育、学习的影响下，那种破涕为笑、动辄出手的现象在低年级小学生身上虽然还有发现，但在高年级学生身上则较少发生了。儿童已能在一定程度上用意志控制自己的愿望，抑制不理智的冲动行为。随着自我意识的发展，由情绪

向情感内化发展的倾向越来越明显。例如，一个一贯成绩优秀的女生，一次考试偶然失败，尽管受到很大刺激，情绪沮丧，但她能强忍住不哭出来，上课也仍然能注意听讲，但她沉默了，消瘦了，好多天以后都还或多或少地保留着这种情绪的痕迹。

（三）情感迅速增长，分化有待完善

随着儿童个体意识的发展，儿童的高级情感也迅速增长，数量和类别都不断增多，并逐渐系统化。例如，儿童由爱父母、师长，爱集体、爱家乡，进而爱祖国、爱人民，逐渐培养出爱国主义的情感。但儿童的爱国主义情感，往往是正性的体验多，例如，他们常为祖国的繁荣富强而骄傲，爱戴为保卫祖国功勋卓著的英雄，但他们对文艺作品中狡猾的卖国者就认识模糊，对有缺点的爱国者感到疑惑，对自己的努力与祖国的命运之关联感到茫然而欠缺深刻理解。这些，既与儿童的经验不够有关，也与儿童的认知发展，特别是思维水平不高有关，只有随着儿童心理的全面发展才能提高。

二、儿童感情的教育与培养

在儿童的成长过程中，感情的教育和培养是涉及儿童全面发展的大事。发展智力，规范情绪、情感，养成完善的个性是现代素质教育缺一不可的几个方面，在感情的教育和培养问题上，应注重以下三点：

（一）疏导消极情绪、培养积极情感

儿童因为生理上的弱小及其他原因，常常有许多消极情绪笼罩着他们的生活，试列举几点：

1. 胆小、惧怕

幼儿时的心理挫折以及家长、教师过多的谴责批评，往往是重要的诱因。这类儿童常常感到“不敢”、“骇怕”，缺乏自信和勇气。对这样的孩子，老师、家长要多多鼓励，耐心引导。

2. 脆弱、好哭

有的孩子从小受到父母的过分关照，习惯于过分顺利的环境，稍遇困难就陷入颓丧的情绪之中，好哭，退缩，不开朗，总是忧心忡忡，郁郁寡欢。对这种儿童，一是要校正他们的认识，要让他们明白，只有经受挫折，克服困难，才能有所前进。另一方面则要创造条件，让他们在实践中逐渐、锻炼成长。

3. 妒忌和自卑

这些都是在与别人相比较中产生的消极情绪。争强好胜的儿童在感到不如别人时，容易产生妒忌，而一贯成绩较差的儿童则容易产生自卑。家长和老师要教育孩子正确认识别人，正确认识自己，用积极的态度处理人与人之间的关系。

学校的集体生活，是培养儿童积极情绪的有利环境，严谨的学风、班风、校风，良好的传统规范，使儿童增强荣誉感，并提高道德认识水平。随着学习的深入与视野的扩大，儿童的理智感将日益复杂而丰富，在各式各样的文娱活动之中，在激烈竞争的体育活动之中，儿童评价好坏、善恶、美丑的标准也日益社会化、多样化、深刻化。

儿童积极情感的培养应以美育为手段，个性为目标，并渗透到德育、智育、体育中去，有计划、有步骤地进行，长期坚持不懈，必然会收到事半功倍的效果。

（二）注意感情教育的直观性

由于生理心理发育的不够完善，儿童的感情体验还有明显的具体形象性特点，其概括性程度不高，容易受事物的具体特点支配。例如，要培养爱国主义感情，仅靠单纯的讲解、说教，就不如到天安门看升国旗、去圆明园参观被英法联军破坏的遗址效果更好。又如，要培养儿童对科学家的热爱，除一般地讲解科学知识外，介绍一些科学家刻苦钻研、勇攀高峰的具体故事，展出一些与科学有关的图片、书籍，以及做一些简单的演示实验，会收到更好的效果。

（三）注意体验与行为的结合

培养儿童的感情，不能只停留在体验上，因为那样是不易持久、难以深入的。正确的感情教育应在提高认识的基础上，注意将主观体验与积极行动结合起来。例如儿童学习雷锋热爱人民的情感，仅仅学习有关事迹的文章是不够的，还应学英雄见行动，组织儿童参加公益劳动，照顾军烈属，帮助残疾人……努力为人民做好事，由此巩固儿童的这种感情。倘若是把儿童感情的体验与儿童克服困难的意志行动联系起来，那将会收到非常显著的效果。电影《小兵张嘎》中的小主人公，奶奶的牺牲激起他对日本鬼子的仇恨的体验，参加八路军后，通过学习和同志们的帮助，进一步认识到日本鬼子和世界上所有的法西斯一样，都是秋后的蚂蚱，蹦跶不了几天了。张嘎带着复仇的信念，在战场上与敌人顽强斗争；他负伤擒敌，被捕后英勇不屈；被囚禁在敌人碉堡之中，还千方百计点燃柴草，配合八路军消灭敌人。在这一系列意志行动中，张嘎的革命感情得到高度的升华。

[练习]

一、解释

感情　情绪　情感　应激　道德

二、填空

1. 感情具有________和________作用。

2. ____、____、____和____是人类最基本的四种情绪。

3. “怒发冲冠”属于典型情绪中的________。

4. 道德感的三个特点是________、________和________。

5. 幽默和讽刺属于________感。

三、判断

1. 感情是在认识基础上产生的。

2. 感情不是人对客观事物本身的反映。

3. 在出乎意料的紧张情况下所引起的情绪是激情。

4. 情感是人所独有的高级感情形式。

四、应用题

1. 什么样的感情能促进你的训练和比赛？

2. 在儿童的感情教育中应注意什么问题？

[阅读材料]

关于情绪的理论

一、詹姆斯—兰格理论

美国心理学家詹姆斯和丹麦生理学家兰格，于1884年和1885年分别提出了内容相同的一种情绪理论，他们强调情绪的产生是植物性神经系统活动的产物。后来人们称他们的理论为情绪的外周理论，即詹姆斯—兰格情绪学说。

詹姆斯根据情绪发生时引起的植物性神经系统的活动，和由此而产生的一系列机体变化的事实，提出情绪就是对身体变化的知觉。他说："情绪，只是一种身体状态的感觉；它的原因纯粹是身体的。"又说："人们的常识认为，先产生某种情绪，之后才有机体的变化和行为的发生，但我的主张是先有机体的生理变化，而后才有情绪。"当一个情绪刺激物作用于我们的感官时，立刻会引起身体上的某种变化，激起神经冲动传至中枢神经系统而产生情绪。在詹姆斯看来，悲伤乃由哭泣而起，愤怒乃由打斗而致，恐惧乃由战栗而来，高兴乃由发笑而生。

兰格认为，情绪是内脏活动的结果。他特别强调情绪与血管变化的关系，他说："情感，假如没有身体的属性，就不存在了。""血管运动的混乱、血管宽度的改变以及与此同时各个器官中血液量的改变，乃是激情的真正的最初的原因。"兰格以饮酒和药物为例来说明情绪变化的原因。酒和某些药物都是引起情绪变化的因素，它们之所以能够引起情绪变化，是因为饮酒、用药能引起血管的活动，而血管活动是受植物性神经系统控制的。植物性神经系统支配作用加强，血管舒张，结果就产生了愉快情绪；植物性神经系统活动减弱，血管收缩或器官肌痉挛，结果就产生了恐怖。因此，情绪决定于血管受神经支配的状态、血管容积的改变以及对其后的意识。

詹姆斯—兰格理论，看到了情绪与机体变化的直接关系，强调了植物性神经系统在情绪产生中的作用，这有其合理性的一面。但是，他们片面强调植物性神经系统的作用，忽视了中枢神经系统的调节控制作用，这在理论上引起了很多的争议。

二、阿诺德的“评定—兴奋”学说

美国心理学家阿诺德在本世纪50年代提出了情绪的评定—兴奋学说。这种理论认为，刺激情境并不直接决定情绪的性质，从刺激出现到情绪产生，要经过对刺激的估量和评价，情绪产生的基本过程是：刺激情境—评估—情绪。同一刺激情境，由于对它的评估不同，就会产生不同的情绪反应。评估的结果可能认为对个体“有利”“有害”或“无关”。如果是“有利”的，就会引起肯定的情绪体验，并企图接近刺激物；如果是“有害”的，就会引起否定的情绪体验，并企图躲避刺激物；至于对“无关”的刺激物，人们就予以忽视。例如：在森林荒野中看见一只熊会引起恐惧，而在动物园里看见一只关在笼子里的熊就不会产生恐惧。这是由于对刺激物的评估和认知的不同。

阿诺德认为，情绪的产生是大脑皮层和皮下组织共同活动的结果，大脑皮层的兴奋是情绪行为的最重要的条件。她提出情绪产生的理论模式：作为引起情绪的外界刺激作用于感受器，产生神经冲动，通过内导神经上送至丘脑，在更换神经元后，再送到大脑皮层，在大脑皮层刺激被评估，形成一种特殊的态度（如恐惧及逃避、愤怒及攻击等），这种态度通过外导神经将皮层的冲动传至丘脑的交感和副交感神经，将兴奋发放到血管或内脏组织，引起血管和内脏反应，又反馈到大脑皮层，形成血管和内脏变化的感觉。这种从外周来的反馈信息，在大脑皮层中被评价，使纯粹的认识经验转化为感受到的情绪。这就是“评定—兴奋”学说。

彭聃龄《普通心理学》466～472页　北京师范大学出版社　1988年

第六章 意 志

［**本章重点**］

1. 什么是意志？
2. 认识过程、感情过程和意志过程三者间有什么关系？
3. 意志行动包括哪几个阶段？

第一节 意志概述

一、什么是意志

意志是人自觉地确定目的、支配行动、克服困难，以实现预定目的的心理过程。当运动员为达目标挑战极限时，往往清楚地觉察到这一点。意志是高级的心理过程，是人意识能动性的集中表现。

意志和行动密不可分。守株待兔、终日空想是不可能表现出心理的意志过程的。只有目的支配着行动，计划选择着行动组合，在积极的执行过程中，为克服各种困难调整行动，最后才能达到目的。意志总是在实际行动中表现出来的。在意志调节或支配下的有意识、自觉的行动，才能称之为意志行动。

二、意志的基本特征

（一）明确的目的性

能够自觉地确立目的，是人的行为的特征。人在活动之前，已经具有比较明确的活动目的，目的引导人类的活动，不断地指引人们按着既定目的的方向去行动。动物虽然也作用于环境，例如挖洞筑巢、捕食避害，但这与人的意志行为是截然不同的。动物的行动，无论多么精巧，都不可能事前了解自己行为的目的与后果，只有有意识的人类，才能预先确定一定的目的，并有组织地逐渐实现这一目的。

（二）以随意运动为基础

人的行动可以分为不随意运动和随意运动两种。不随意运动是在无意中发生的不由自主的运动，例如，眼受到强光瞳孔会立即缩小、手碰到针刺立即缩回等。随意运动是受意识支配的运动，是实现意志行动的基础。例如，读书、看报、打球、下棋等。

有了随意运动，人们就可根据预定的目的调节支配行动，从而实现预定的目的。意志对行动的调节，有发动和制止两方面。前者在于推动人去从事达到预定目的所必需的行动，后者在于制止不符合预定目的的行动。意志这两方面的调节作用在实际活动中是统一的。例如，有了提高训练成绩的目的和决心，一方面促使运动员去努力训练，另一方面又抑制运动员的其他欲望，将不相干的其他活动降至更低水平。

（三）与克服困难相联系

意志对行动的调节和支配并不总是轻而易举的，常会遇到各种外部的或内部的困难。外部困难是来自外在的障碍，例如，运动项目难度太大、环境条件恶劣等。内部困难是来自主体的障碍，例如，比赛经验不足、信心不足、情绪消极悲观等。只有克服了困难，才能达到预定的目的。一个人意志坚强的水平往往可用其面对困难的性质、克服困难的努力程度来衡量。

意志是人所特有的心理过程。意志是为了达到预定目的，发动和抑制人的行动，并与克服困难相联系的一种心理过程。

三、意志和认识、感情的关系

意志不是孤立的心理现象，它同认识和感情过程有着密切联系。三者共同构成了人的心理过程。

（一）意志和认识的关系

认识过程是意志产生的基础。首先，自觉地确定目的是人认识活动的结果。目的不是头脑中固有的，也不是主观自生的，它来源于人的认识活动，来源于人脑对主体需要与客观规律间的认识。只有与客观规律相符合并有可能经过努力而变成现实的愿望，才能作为意志行动的目标确立下来。其次，目的确定之后，如何支配行动实现预定目的，如何选择行动方法与策略，就需要审时度势，分析条件，回顾经验，设想未来，拟定方案，编制计划，这些都必须依赖感知、记忆、思维、想象等的认识过程。再次，在行动过程中如遇到困难，还要深思熟虑，找出有效的方法去克服它，战胜它。

意志也给认识过程以巨大的影响。人总是不断地进行着各种认识活动：观察活动的组织、随意识记的进行、创造性想象的实现、解决问题的思维活动等等，这些有目的的活动都离不开意志努力，即离不开意志过程。意志过程使认识过程更深入、更持久。因为，在认识活动中，人总会遇到各种困难，要克服这些困难，就必须有意志的参与。积极的意志品质如自觉、坚定、自制等会促进人的认识能力的发展，而消极的意志品质，如盲从、独断、执拗等会阻碍人的认识能力的发展。

（二）意志和感情的关系

意志和感情过程也有密切联系。感情可以成为意志的动力，也可以成为意志的阻力。当某种感情对人的活动起推动或支持作用时，就会成为意志的动力。例如，在学习、工作中，积极的心境、对祖国的热爱和社会责任感会推动人们努力学习、辛勤劳动。当某种感情对人的活动起阻碍或消极作用时，就会成为意志的阻力。如消极的心境、害怕困难的情绪等，都会阻碍意志行动的执行，削弱人的意志。

意志可以控制感情，使感情服从理智。人在日常生活和工作中，常常会发生不利于工作和学习的感情冲动，这就需要通过意志努力控制，使行动符合于理智的要求。例如，我们常说的“不要意气用事”“化悲痛为力量”等都是意志使人的感情服从于理智的例子。消极感情对意志行动的影响取决于一个人的意志力，意志坚强者可以克服消极感情的干扰，使行动自始至终；意志薄弱者可能被消极感情所击垮，使行动半途而废。

认识、感情和意志三种心理过程是密切联系、彼此渗透的。意志过程包含着认识和感情的成分，认识和感情过程也包含着意志成分。它们彼此渗透，融为一体，在人的实践活动中，从不同的层次、角度反映客观现实，共同组成一个人统一的精神世界。

第二节　意志行动分析

意志行动是一个复杂的自觉行动过程，可以分为两个阶段：采取决定阶段和执行决定阶段。

一、采取决定阶段

采取决定阶段是在头脑里对未来的行动进行酝酿和抉择的阶段，是意志行动的开始阶段。它决定意志行动的方向，一般要经过动机斗争、确定目的和制定计划等环节。

（一）动机斗争

意志行动是有目的方向性的行动，但任何目的的确立都不是无缘无故的，是在一定动机的驱动下逐步形成的。动机是推动人去行动的动力，这种动力可以来自个体内部的需要，也可以来自外部环境的推动。例如，炎炎烈日下刻苦训练的运动员，可能是为了提高运动成绩、发挥自己所长，也可能是因教练和队友的压力，不得已而为之。

人在同一时间内往往会有多种动机，当动机引出的不同行动发生矛盾时，人们就需要对各种动机权衡得失，评定其社会价值，才能作出最后的决定，这就是动机斗争。个人的动机斗争可以分成以下三种类型：

1. 双趋冲突

指两种或两种以上目标同时吸引着人们，而人们只能选择其中一种目标时所产生的冲突。实际上是一种“鱼我所欲也，熊掌亦我所欲也”式的冲突。由于不可兼得两种目标，经过斗争，取其重要者而解决这一心理矛盾。例如，学校的课外活动安排得丰富多彩，而学生只能选择一项参加，这时就需经过动机斗争，斗争的结果是选择一项最适合自己的活动。

2. 双避冲突

指两种或两种以上目标都是人们想要回避的，而人们只能回避其中一种目标时所产生的冲突。实际上是一种“左右为难”“进退维谷”式的冲突。要解决这种矛盾，人们只有接受其中一种威胁程度较轻的目标。例如，学生犯了比较严重的错误，是向老师主动认错，还是等同学揭发。向老师坦白认错怕受批评，等同学揭发会受更大的处分，经过动机斗争采取向老师认错而获得矛盾解决。

3. 趋避冲突

指一个人一方面要接近一个目标，同时又想回避这个目标时所产生的冲突。例如，学生上晚自习时，想看小说，又怕完不成作业，这种冲突就是趋避冲突，往往引起更多的内心矛盾。

动机斗争还可以从内容上划分为非原则性动机斗争和原则性动机斗争：

1. 非原则性动机斗争

指与社会道德标准关系不密切的动机斗争。这些动机有高低层次之分，但它们间的矛盾是非原则性的，没有根本的对立关系。例如，利用业余时间锻炼身体，是跑步还是打篮球？在这种情况下，只要稍加思考，适当安排，较强的动机就会战胜较弱的动机，问题不难解决。

2. 原则性动机斗争

指与社会道德准则相关的动机斗争。这些动机斗争涉及到正确与错误、高尚与卑微的对立关系。例如，面对落入水库之中的妇女，是救还是不救？这种动机斗争通常是激烈的。1993 年毕业于浙江省体育运动学校的夏骑兵同志，1997 年为救落水妇女，不顾自己伤病初愈后的虚弱，义无反顾，舍身救人，献出了年仅 23 岁的生命。原则性的动机斗争实际上是对各种动机的社会价值、意义等进行权衡以及作出抉择的过程。意志坚强的人在这种动机斗争中，总是善于根据正确的原则权衡各种动机，及时作出决定。而意志薄弱的人则往往长期犹豫不决，甚至作出决定后也容易改变。一个人的动机斗争及其抉择受他已形成的理想、信念、世界观和道德品质的制约。

（二）确定目的

动机是激励人行动的动力或原因，目的则是期望行动所要达到的结果。选择动机和确定目的是相互连接的，确定目的的过程常伴随着动机的斗争。

在一定条件下，人可能具有两种或更多种相互冲突的目的，这就需要权衡轻重，从中选择。如果两种并存的目的，对个人都很重要，目的确立的冲突就会发生，而个人对两种目的持有的态度越接近，选择的困难就越大。如果两种并存的目的，有一种目的使个人感到满意，而另一种目的对个人无关紧要，个人对它也不感兴趣，但是，它对集体对社会都是有益的，这时，目的选择上的困难就更大。一个意志坚强的人，不仅表现出选择目的的果断性，确定目的的及时性，而且还表现在善于正确处理社会、集体、个人利益的关系，使自己的意志服从客观需要，服从具有社会意义的目的。

目的可以分为最终的远景目的和系列的近景目标。为了完成远景目的需要由近及远地确定一系列的近景目标，近景目标具有现实性，一个人只要经过一段坚持不懈的努力，就可以实现目前的一个近景目标，从而向远景目的迈进。一个人在完成意志行动的过程中，目的、目标越明确，越自觉，越具有社会意义，越表明他具有坚强的意志。

（三）拟订计划

经过动机斗争、确定目的之后，需要选择达到目的的行动方式和方法。有时只要目的一提出，行动的方式和方法便确定了。在更多的情况下，达到目的的方式、方法可能不止一种，这就必须在拟订计划时进行选择。

拟订计划的过程，既有思维活动也有意志活动。在选择行动方式、方法之前要分析、比较各种方案的可行性和优缺点；要考虑主观的知识技能和客观的人力、物力条件；还要考虑到行动过程会遇到什么困难，以及怎样克服等等。因此，在拟订计划时会产生反复权衡利弊的矛盾心理状态。另外，在选择方法时必然要涉及社会的道德准则，不能选择不正当的、违反道德和纪律的方法，不能为了实现目的而不择手段。选择行动计划的过程，也能考察一个人的道德品质和意志品质。

二、执行决定阶段

执行决定是意志行动的完成阶段，使拟订的计划付诸实施，从而完成既定的目的。执行决定是意志行动的最重要环节，因为，即使是高尚的动机、美好的行动目的、完善的行动计划，如果不付诸实际行动，所有的一切就失去了意义，也就谈不上意志行动的完成。

在执行决定的过程中，意志表现在两方面：一方面是采取一系列的积极行动去达到目的；另一方面则是制止那些不利于达到目的的行动。这是相互联系的两个方面，后者需要有很大的意志力。在现实生活中，一帆风顺的情况是偶然的，而遇到内、外部困难是必然的，意志的过程也是克服困难的过程。意志坚强的人会用自己的行动去克服困难，以求达到目的；意志薄弱的人在行动时，知难而退，任意改变目的，轻率地改变、放弃原定计划。在执行决定的过程中，是充满信心以坚韧不拔的毅力去实现目的，还是在困难面前灰心丧气、徘徊动摇、失去继续前进的勇气而使活动半途而废？这也是对一个人意志品质的检验。

执行决定有两种情况：一种是决定作出后，立即执行；另一种是决定指向长期的目的，并不立即引向实际行动，而是一种心理定向，它是完成未来活动的心理准备。例如，有的同学毕业后立志做一位德才兼备的教练，这不是马上可以实现的。但这种心理准备会导致他努力使自己全面发展，并采取一系列活动，以求将来实现这一目的。

第三节　意志品质

意志在不同的人身上表现不同。一个人能独立地采取决定，另一个人则易受暗示；一个人办事果断，另一个人则优柔寡断等等。如果这些特点在一个人的行动中十分明确和稳定，那么就成为个人特有的意志品质。意志品质是衡量一个人意志坚强与否的尺度，主要有独立性、果断性、坚韧性和自制性四个方面。

一、独立性

独立性是指一个人在行动中具有明确的目的，不屈从于周围人们的压力，按照自己的信念、知识和行为方式进行行动的品质。它反映了一个人坚定的立场和信仰，是高度发展的意志特性。具有独立性的人，在行动中既不轻易接受外界影响，又不拒绝一切有益的意见。

与独立性相反的品质是易受暗示性和独断性。易受暗示性在于一个人容易受别人的影响，对别人的思想、行为不认真分析盲目接受，因而随便改变原来的决定。独断性在于一个人表面上似乎是独立地采取决定、执行决定，但实际上缺乏独立性，因为他不考虑自己决定的合理性，固执己见，一意孤行，拒绝考虑别人的任何批评、劝告和有益的建议。

二、果断性

果断性是指一个人善于明辨是非，迅速而合理地采取决定和执行决定的品质。具有果断性的人在动机斗争时能当机立断，在行动时能敢作敢为，在不需要立即行动或情况发生变化时又能随机应变。

与果断性相反的意志品质是优柔寡断和草率决定。优柔寡断的人，遇事犹豫不决，患得患失，顾虑重重；在认识上分不清轻重缓急，动机斗争时间过长，在不同的目的、手段之间摇摆不定，迟迟做不出取舍，即使执行决定也是三心二意。草率决定的人则相反，在没有明辨是非时，就不负责任地作出决定，凭一时冲动，而不考虑主、客观条件和行动的后果。

三、坚韧性

坚韧性是指一个人能长期保持充沛的精力，战胜各种困难，不屈不挠地向既定目的前进的品质。具有坚韧性的人，一方面善于克服各种不符合目的的主、客观干扰，另一方面善于长期地维持与目的相符合的行动，坚持到底，毫不懈怠。所谓“锲而不舍，金石可镂”即是意志坚韧性的表现。坚韧性对事业的成功具有重要的作用。

与坚韧性相反的意志品质是顽固执拗和见异思迁。顽固执拗的人，只承认自己的意见和论据，对自己的行动不作理性评价，执迷不悟，明知不可为而为之。见异思迁的人则表现为行动易发生动摇，行动过程中随意更改既定目标和方向，这山看着那山高，而终至碌碌无为。

四、自制性

自制性是指一个人善于控制和支配自己行动的品质。具有自制力的人，在任何情况下都能保持清醒的头脑，控制自己的感情不受外界干扰的影响；善于约束自己的言论，不信口开河；克制自己的行为，遇事三思而后行。“富贵不能淫，贫贱不能移，威武不能屈”就是意志自制性的表现。

与自制性相反的意志品质是任性和怯懦。任性的人不能约束自己的言行，不能控制自己的情绪，行为常被情绪所支配；怯懦的人胆小怕事，遇到困难或情况变化时惊慌失措，畏缩不前。

运动员专项技能的训练、比赛成绩的提高都和良好的意志品质分不开。在大负荷的运动训练中，只有具有了顽强的坚韧性和独立性，才能完成训练任务；在瞬息万变的赛场上，只有具备了果断性和自制力，才能赢得胜利的机会。

第四节　儿童意志的特点及培养

一、儿童意志发展的一般特点

（一）意志行动的动机和目的的发展

小学低年级儿童不善于自觉地、独立地提出行动的动机和目的，他们行动的动机和目的易受家庭、教师、学校的影响。而且，他们的行动动机和目的往往是比较短暂、具体的，还不易理解那些远大的、抽象的行动动机和目的。例如，学习只是为了得到教师和家长的赞扬。随着儿童知识经验的增长，思维能力的发展，中年级以上的儿童逐渐学会自觉地、独立地向自己提出行动的动机和目的，逐步具有比较远大的、有较大社会意义的动机和目的。例如，他们认识到，要做一个对祖国有用的人，就应该好好学习。

低年级儿童的行动动机和目的还不够稳定，还不能在一个较长的时期内，为实现自己的目的积极地行动。例如，最初儿童为了做好作业，决定今晚不看电视，但在行动过程中又可能很快改变主意，想快点完成作业然后去看电视。高年级儿童的行动动机和目的，明显地变得稳定起来。例如，为了迎接考试，在复习过程中，可以坚持相当长的时间不看电视，不参加其他娱乐活动。

儿童在解决动机冲突、选择行动方案的过程中，常常表现出不善于运用抽象原则，更多地受一些有关的具体事件所左右。在解决动机冲突时，当前的事件往往比过去的事件或将来的事件更有力量。在选择行动方案时，由于知识经验贫乏，思维能力较差，还不善于提出多种行动方案，不能比较多种方案的优劣。他们意志行动的决策与他们的兴趣爱好，教师或家长的态度联系着。例如，儿童常说："老师讲过的，要这样做。"至于为什么这样做，他们还不能够主动地加以思考，还不能够做到运用道德标准作为意志行动决策的依据。

（二）克服困难的毅力增强

毅力是指人长期奋发，不屈不挠地克服困难，达到既定目的的能力。毅力顽强的人，深信自己的目的和为实现目的而采取的行动符合客观发展要求，能正视各种困难，百折不挠地为实现既定目的而努力，坚决、果断地采取行动。

儿童克服困难的毅力是随着年龄的增长、年级的升高逐渐增强的。儿童在学习过程中，对待困难的态度和克服困难的能力是不完全相同的。低年级儿童面对困难表现得慌张、粗心、懦弱，屈服于困难。例如，在做作业的过程中，一遇到难题，他们就紧张，不愿作进一步的努力，常会哭闹，求助于家长和其他人的帮助。而中年级以上的儿童面对学习中的困难，大多数能作进一步的努力，克服困难以实现既定的目的。

二、儿童意志的培养

（一）开展理想教育，提高行动自觉性

开展理想教育活动有利于学生正确地确定自己的行动目

的，并对一切个人的、团体的思想和行为作出实事求是的正确评价，明辨是非、善恶和荣辱，使学生具有高度的责任感，提高行动的自觉性。教育实践证明，那些缺乏理想，对自己的学习抱着“做一天和尚撞一天钟”想法的学生，学习目的不明确，行动缺乏自觉性，常处于被动状态，行动中遇到困难，常表现出畏难情绪，缺乏信心。因此，在小学阶段要重视理想教育，要使儿童逐步明确为什么学习，懂得人为什么而活着，引导他们把个人的理想与国家的现代化建设紧密联系起来，并为实现这个理想而努力学习。

教师应当注意把理想教育和学生的具体行动结合起来。只有把崇高的理想融化在学生的行动中，成为他们行动的目标时，理想教育才对学生具有真正的意义。例如，把教育学生按时上学、专心听讲、及时完成作业等具体学习任务与实现自己的理想联系起来。

（二）加强养成教育，培养自制能力

养成教育就是通过培养儿童自觉遵守纪律和生活制度的常规训练，使儿童形成自我控制的良好行为习惯。例如，上课前要准备好学习用具，书本、文具放在指定的位置上；课上要专心听讲，不做小动作，发言先举手；课间玩正当游戏，不许疯跑、打闹；集体生活中要团结友爱、讲礼貌、爱护公物、讲卫生等等。儿童为了要遵守规定的纪律制度，必须抑制自己，不做违背纪律和制度的事情。这样儿童在自觉遵守学习和生活纪律的过程中，自制的能力也就得到了锻炼。

（三）在困难环境中锻炼儿童的意志

良好的意志品质是在克服困难中表现并在克服困难中形

成的，因此，教师除结合教学内容或通过主题班会等方式向学生讲述意志锻炼的意义外，更要让儿童在各种活动中通过克服困难来磨炼意志。在组织活动时教师应注意：

第一，向学生提出的任务要有一定的难度，同时又是他们力所能及的。例如，要求他们坚持独立完成各种作业，坚持参加兴趣小组的活动，坚持参加体育锻炼等。对儿童来说，这些要求都有一定的难度，但又是经过努力能够做到的。若要求过高，超出儿童的能力范围，则不利于意志的锻炼。

第二，当儿童在活动中遇到困难时，要给予鼓励和必要的指导，但不要代替他们去解决问题。

第三，根据儿童意志品质的差异，注意采取不同的锻炼措施。对于容易盲从、轻率行事的学生，应多多启发他们的自觉性，培养他们对社会和集体的责任感；对于怯懦的学生，则应多鼓励他们，增强他们克服困难的信心和勇气。

[练习]

一、解释

意志　意志行动　动机

二、填空

1. 意志的基本特征有______、______和______。

2. 意志在______中表现出来。

3. 意志行动可分为______和______两个阶段。

4. 意志行动的采取决定阶段包括______、______和______三个环节。

三、判断

1. 人的意志是人意识的主观能动性的体现。

2. 蜜蜂建筑精巧的蜂房，克服了不少困难，所以蜜蜂具有坚强的意志。

3. 意志行动的关键环节是执行决定阶段。

4. 动机斗争有原则性和非原则性之分。

四、应用题

1. 结合体育运动的实际说明知、情、意三者的关系。

2. 如何培养儿童的意志?

[**阅读材料**]

意志自由问题

意志自由即人类意志的能动作用，历来是哲学、心理学等领域中关于意志本质的争论中心。19世纪的德国哲学家尼采和叔本华认为，人的意志、行动是不受任何东西约束的，人的自由意志主宰一切。美国心理学家华生认为行为完全是由外界刺激所决定的，否认意志自由。神经生理学家艾克尔斯认为，人的意识和大脑是彼此独立的实体，意识精神是“第一性的实在”，而其他一切事物是派生的，是“第二性的实在”。英国的哲学家波普根据裂脑人的研究，又提出了所谓的“三个世界”的理论。所有上述见解都是片面的、错误的。

辩证唯物主义认为，人的意志是自由的，但又是不自由的。说它是自由的，是因为在一定的条件下，人可以按照自己的意愿，自主地、能动地确定目的，选择相应的行动方式和步骤，发动或制止行动。说它是不自由的，是因为人的一切行动都必须符合客观规律。否则，就会在实践中碰壁。因此，意志的自由是相对的，有条件的。正如恩格斯在《反杜林论》中所指出的“意志自由只是借助于对事物的认识来作出决定的那种能力”。一个人掌握的各种知识越多，越善于运用客观规律，那么，他对客观世界的改造也就越自由，越主动。同时，知识和能力的获得又依赖于人的意志努力，依赖于他的勤奋、勇敢和克服各种困难与阻挠的勇气。

叶奕乾　何存道　梁宁建　《普通心理学》 374 页　华东师范大学出版社　1991 年

意志的调节作用

意志不仅调节外部动作，还可以调节人的心理状态。当学生排除外界干扰，把注意集中于完成作业时，就存在着意志对注意、思维等认识活动的调节；当人在危急、险恶的情境下，克服内心的恐惧和慌乱，强使自己保持镇定时，就表现出意志对情绪状态的调节。

人的内脏活动是受自主神经系统支配的。历来认为，这类活动不受意识的控制。但近年关于生物反馈的研究证明，通过专门的学习和训练，人也可能在一定程度上随意地调节自己的内脏活动，如影响心跳节律、血压升降、皮肤温度和内分泌水平等。这项发现，扩展了人们关于意志调节范围的概念。

曹日昌《普通心理学》361～362 页　人民教育出版社　1987 年

第七章　注　意

［本章重点］

1. 什么是注意？
2. 注意与心理过程有什么关系？
3. 注意有哪几个基本特征？

第一节　注意概述

一、什么是注意

注意是一种特殊的心理状态，它是心理活动对一定对象的指向和集中。例如，运动员在上训练课时，专心致志地听教练讲解，仔细观察示范动作，集中精力思考教练提出的问题，这里的“专心致志”“集中精力”等都是对人注意状态的描述。

人生活在纷繁复杂的大千世界中，每一瞬间总有许多客观事物同时影响着我们。在意识清醒的情况下，我们的心理活动并非一一均分到各个事物上，而是有选择地指向其中的一部分事物，把它们作为心理活动的对象，而将其余当成活动背景，这就是注意的选择性。例如，学生上课时，心理活动便指向老师的讲述，看老师写黑板，听老师阐述分析，此时教室中的其他事物只成为老师教学的底衬。

注意的集中性是指心理活动继续保持在被选择的对象上，并使之强度加大，紧张度增高，时间延长，范围缩小，使心理活动能不断深入，以便更清晰、更完整地反映客观事物。当一个人的注意处于高度集中的时候，他对其余的对象会“视而不见”“听而不闻”，此时，注意的对象就是注意的中心，其余对象有的处于“注意的边缘”，多数处于注意范围之外。

指向性和集中性是注意的两个基本特点，它们的相互联系不可分割，是同一注意的两个方面。指向性是集中性的前提和基础，集中性是指向性的体现与发展。

二、注意和心理过程

注意是心理活动的重要组成部分，但注意本身并不是一种独立的心理过程，而总是伴随着感知、记忆、思维、想象、感情、意志等心理活动，它是心理过程的一种共同特性。平时上课时教师、教练所说的“注意黑板”“注意铃声”，这是省去“看”“听”二字感知水平的注意；“继续动脑筋”“努力发现问题”，这是思维水平的注意；“自觉控制情绪”“自觉坚持到底”，这是感情、意志水平的注意。离开了具体的心理过程，注意就失去了它的内容。

三、注意的功能

（一）导向功能

注意使心理活动有选择地指向那些有意义的、符合需要的和与当前活动任务相一致的对象，避开或抑制其他无意义的、附加的、干扰当前活动的对象。即注意把有关的信息检索出来，使心理活动具有一定的指向性。

（二）保持功能

当外界大量的信息进入感觉记忆之后，每种信息单元必须经过注意才能转换成一种持久的形式而得到保持，如果不加以注意，信息就很快消失。注意的保持功能还能使心理活动一直坚持到完成任务、达到目的为止。

（三）调节和监督功能

控制心理活动向着一定的方向或目标进行。根据活动的需要做到注意的适当分配和适时转移，必要时可以对错误的活动进行及时调节和矫正。

由此可见，注意对人类具有十分重要的意义。它保证人能够及时地集中自己的心理活动，正确地反映客观事物，使人能更好地适应环境，并改造世界。

四、注意的外部表现

人在集中注意某对象时，常常伴随着特定的生理变化和外部表现。注意时最显著的外部表现有以下几种：

（一）适应性运动

人在注意时，有关的感觉器官朝向刺激物。如，人在注意观察某个物体时，把视线集中在该物体上，即所谓的“举目凝视”；注意听一个声音时，把耳朵转向声音的方向，即所谓的“侧耳倾听”；当沉浸于思考或想象时，眼睛常常是“凝神沉思”，好像看着远方，对周围对象的感知变得模糊起来。

（二）无关运动的停止

人在高度集中注意时，无关运动会暂时停止。当学生注意于教师的讲课时，会停止做小动作或交头接耳，表现为异常的安静。

（三）呼吸运动的变化

人在集中注意时，呼吸变得轻微而缓慢，呼与吸的时间比例也会发生变化，一般是吸短呼长，在紧张注意时，甚至会出现呼吸暂时停止的状态，即所谓的“屏息”现象。

可以根据一个人的外部表现来推断他的注意情况，但有时注意的外部表现和注意的真实状态不相符合。例如，学生在课堂上，貌似注意听讲，实际上心理活动却指向和集中在另一件事上，所以要真正了解学生的注意实情，还需审慎地、全面地根据学生的一贯表现进行综合分析。

第二节　注意的种类

根据注意时有无目的性和意志努力的程度，可以把注意分为无意注意、有意注意和有意后注意三种。

一、无意注意

无意注意也叫不随意注意，是指没有预定目的、不需要作意志努力的注意。它往往是在周围环境变化时产生的，在某些刺激物的直接作用下，人不由自主地把自己的感觉器官朝向刺激物，并且试图认识这些事物。例如，上体育课时，一辆彩车从操场旁边经过，大家自然而然地去注视它，这就是无意注意。

在实际生活中，引起无意注意的原因是经常综合在一起的，为了叙述的方便，从两方面介绍引起无意注意的原因。

（一）刺激物的特点

1. 刺激物的强度

刺激物的强度是引起无意注意的重要原因。如一声巨响、一道强光、一种浓烈的气味都容易引起人的无意注意。除了刺激物的绝对强度外，刺激物的相对强度也能引起人的无意注意。例如，在安静的阅览室里，两人轻微的耳语声能引起人的注意；而在喧闹的大街上，大声说话也不会引起人们的注意。

2. 刺激物的对比关系

刺激物在强度、形状、大小、颜色和持续时间等方面与其他刺激物存在显著差别时会引起人的无意注意。例如，绿草丛中的红花比不动的青蛙更能引起人们的注意；教师讲课时声音的突然提高或降低可以起到集中学生注意的作用。

3. 刺激物的活动和变化

活动变化的刺激物容易引起人们的无意注意。例如，大街上闪动的霓虹灯，商店里的活动玩具，夜空中划过的流星等等都能引起人的注意。

4. 刺激物的新异性

新异的事物很容易成为注意的对象。例如，新的比赛消息、新的课程、新的老师、新的同学等都会引起人们的注意。

（二）主体自身状态

无意注意虽然能由刺激物的特点所引起，但人本身的状态也是引起无意注意的主要原因。同样的事物，可能引起一些人的注意，但也可能不会引起另外一些人的注意。

1. 人对事物的需要和兴趣

凡是能够满足人的需要和符合人的兴趣的事物都会使人产生期待的心情和积极的态度，从而引起无意注意。例如，一位喜欢体育运动的学生，体育比赛的消息最容易成为他注意的对象。直接兴趣是无意注意的重要源泉。人们常常会被他感兴趣的事物所吸引，不自觉地加以注意。

2. 人当时的情绪和精神状态

人的情绪状态在很大程度上影响着无意注意。如果一个人心胸开朗、心情愉快时，平时不大容易引起注意的事物，这时也很容易引起他的注意；而当一个人心境忧郁、不愉快时，平时容易引起注意的事物，这时也不易引起他的注意。

人当时的精神状态也对无意注意有重大影响。人在过度疲劳时，常常不能觉察到在精神饱满时容易注意的事物；人在精神饱满时，最容易对新鲜事物发生注意，而且注意也容易集中和持久。

二、有意注意

有意注意也叫随意注意，是指有预定目的、需要一定意志努力的注意。有意注意主动地服从于既定的目的任务，受人意识的自觉调节和支配。有意注意的客体是不易吸引人的注意，但又是应当去注意的事物，因此，要使意识集中在这种对象上就必须要有一定的意志努力。例如，一位篮球运动员开始学习竞技体操时，感到吃力而乏味。篮球运动自然而然地吸引着他，体操运动对他却没有那种吸引力。然而当他认识到作为未来的体育教师需要技术全面时，他就可以通过意志努力，把注意保持在应该学好的体操动作上。

引起和保持有意注意的主要条件如下：

（一）加深对活动的目的任务的理解

有意注意是有预定目的的注意，所以对活动的目的任务的重要意义理解得越清楚、越深刻，完成任务的愿望越强烈，那么，与完成任务有关的一切事物就越能引起和保持有意注意。例如，体育课上学生做队形、队列练习，常常感到枯燥无味，不愿意练习。如果教师讲明将代表学校参加春季运动会的检阅，队形、队列动作的准确、整齐、迅速，也体现着学校团结、紧张、严肃、活泼的精神面貌时，学生对目的任务理解了，具体要求明确了，就会以自己的意志努力做好队形、队列的练习。

（二）培养间接兴趣

间接兴趣是指对活动本身没有兴趣，但对活动结果有很大兴趣。稳定的间接兴趣，对于保持有意注意具有很大作用。例如，运动员做某些力量、耐力素质的练习时，常感到单调乏味，但想到自己喜欢的专项需要以一定的力量、耐力素质为基础时，就会克服困难，坚持练习。

（三）合理地组织活动

在明确活动目的的前提下，合理组织活动，有助于集中有意注意。

1. 把智力活动和实际操作结合起来

在课堂教学中让学生做笔记，并做些小实验，如用铅笔指出地图上的山脉、河流、铁路和公路等，要比教师自始至终地讲解效果要好得多。因此，应该把注意的对象作为实际活动的对象，因为实际行动本身就要求注意参与，否则活动就无法完成。

2. 提出问题有利于加强有意注意

提出问题，任务明确，人们为了回答问题，就必然注意有关事物。在教学中，向学生提问，不仅可以检查学生的成绩，发展思维能力，而且对组织和保持有意注意也具有重要意义。

3. 经常提醒自己保持注意

根据任务的需要，向自己提出一定的自我要求，这样可以起到集中注意的作用。

（四）用坚强的意志与干扰作斗争

有意注意不仅在没有干扰的情况下进行，有时在有干扰的情况下仍然需要坚持进行。干扰可能是外界的刺激物，也可能是机体的某些状态，如疲倦、疾病和一些无关的思想情绪等。在这种情况下，为了集中注意，除了要采取一定的措施排除干扰外，还要以坚强的意志和干扰作斗争。这样既能锻炼意志又能培养有意注意。

人一般是在安静的环境里容易集中有意注意。但是某些微弱的附加刺激不仅不会干扰人的有意注意，而且反而会加强有意注意。例如，实验室微弱的仪器声响、室内钟表的嘀嗒声等有时会加强有意注意。俄国生理学家谢切诺夫（H. M. CeHe-HoB）说过：“绝对的、死气沉沉的寂静并不能提高，而且能降低智力工作的效果。”

三、有意后注意

有意后注意是指有预定目的、不需要意志努力的注意，也叫随意后注意。有意后注意是注意的一种特殊形式。它一方面类似于有意注意，因为它和自觉目的、任务联系着；另一方面类似于无意注意，它不需要人的意志努力。

有意后注意是心理活动对于个人认为有意义、有价值的事物的指向和集中，它是在有意注意的基础上发展起来的。例如，开始从事某项生疏的、不感兴趣的工作，这时往往需要通过一定的意志努力才能把自己的注意保持在这项工作上。但是，经过一段时间后，对这项工作熟悉了，并发生了兴趣，就可以不需要意志努力而继续保持注意，这时，有意注意就发展成有意后注意。熟练地阅读课文、运球等活动中的注意都是有意后注意。

无意注意、有意注意和有意后注意在实践活动中紧密联系、协同作用，也相互转化。如上所述，有意注意可以发展为有意后注意，而无意注意在一定条件下也可以转化为有意注意。如，开始人们偶然为某种活动所吸引而去从事这项活动，后来通过实践认识到它的重大意义，便自觉地、有目的地去从事这项活动，并克服一定的困难，坚持对活动的注意。这时无意注意就转化为有意注意。在体育教学、运动训练和竞赛中，教师除引起与利用学生的无意注意外，还应经常重视培养学生的有意注意能力，并把这种有意注意的能力在一个人的行为中稳定下来，进一步发展成为有意后注意。

第三节　注意的特征

一、注意的稳定性

注意的稳定性是指在同一对象或同一活动上注意所能持续的时间。这是注意在时间上的特征,这段时间的久暂,标志着注意稳定性的高低。注意的稳定性有狭义和广义之分。

狭义的注意稳定性是指注意保持在同一对象上的时间。人在感知同一事物时,注意很难长时间地保持固定不变,而是经常间歇地出现时强时弱的周期性变化,称注意的起伏。在听觉方面,若把一只表放在离被试耳朵一定距离的地方,使他刚能听到表的嘀嗒声,被试会感到时而听到时而又听不到,或者感到表的声音时强时弱。在视知觉方面,当知觉图 7-1 时,可以明显地觉察到注意的起伏。注视该图,会觉得小方块时而凸起,时而凹进,在不长的时间内,两个方形的相互位置会跳跃式地变更。知觉图 7-2 时,既可以知觉为 6 个立方体(上行

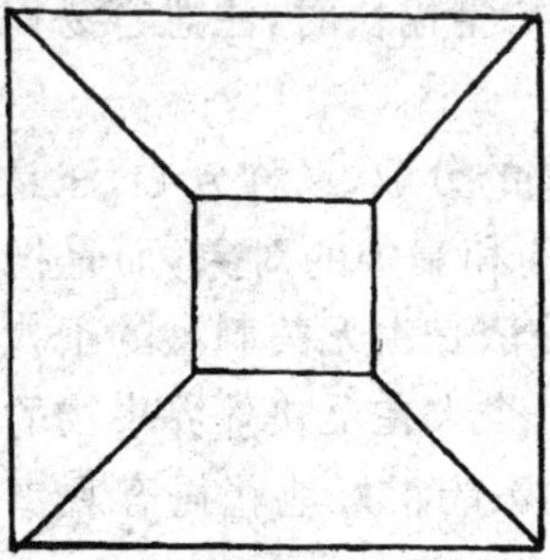

图 7-1　注意的起伏(一)

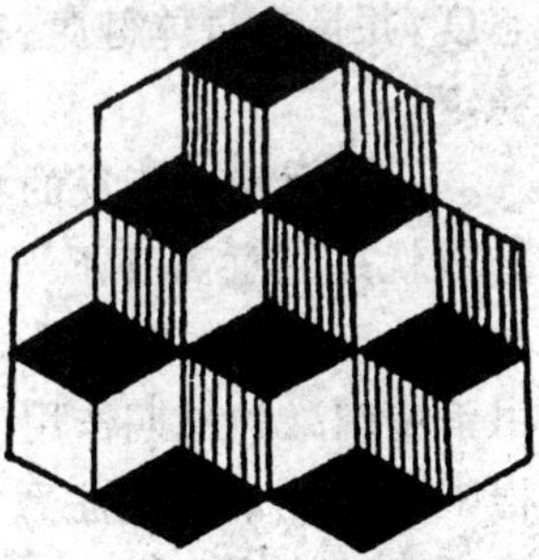

图 7-2　注意的起伏(二)

个、中行 2 个、下行 3 个),又可以知觉为七个立方体(上行 2 个、中行 3 个、下行 2 个)。

广义的注意稳定性是指注意保持在同一活动上的时间。它并不意味着注意总是指向同一对象,而是指当注意的对象和行动有所变化时,注意的总方向和总任务不变。例如,学生上体育课时,时而听教师讲解,时而看教师示范等,活动虽然稍有变化,但总的学习任务与方向并未变化。可以说他们的注意是比较稳定的。

小学儿童注意稳定性随年龄增长而提高,其发展的速度超过幼儿期。7～10 岁儿童注意可维持 20 分钟,10～12 岁约为 25 分钟,12 岁以上儿童可维持 30 分钟。小学的一堂课中常包含着多种活动,因此只要教师把教学组织好,二年级以上的学生,在 45 分钟以内,能够保持注意的稳定而不出现疲倦的现象。

广义的注意稳定性与人的主观状态和对象的特点有关。一般地说,内容丰富、复杂、多变的活动对象注意就较稳定;而内容贫乏、单调、静止的对象注意就不易稳定。当人对所从事活动的意义理解得越深刻,对活动有浓厚的兴趣,抱着积极的态度,并且在身体健康、精力充沛、心情愉快时,注意容易保持稳定。

同注意稳定相反的状态是注意的分散,又称分心。注意的分散就是注意离开了当前应当指向和集中的对象,而是把注意指向于其他的对象上。注意的分散是由无关刺激的干扰或由单调刺激的长期作用引起的。一个人在反映外界事物的过程中如果经常发生注意的分散,就不能很好地获得客观事物清晰而完整的映象,所以我们必须和注意的分散作斗争。

二、注意的范围

注意的范围也叫注意的广度，是指在同一时间内能清楚地把握对象的数量。注意的范围很早就受到心理学家的重视，并对它进行了实验研究。1830年哈密顿(W. Hamilton)最先做了示范实验，他在地上撒一把石弹子，让被试在一瞬间辨认。结果发现，被试不容易立即看清6个以上的石子。但如果把石子2个、3个或者5个一堆，被试辨认的堆数和单个的数目一样多。后来用速示器做实验，结果表明：一个成人在1/10秒时间内，能注意到8～9个黑色圆点或4～6个没有联系的外文字母、3～4个几何图形。我国心理学工作者所做的辨认汉字的实验表明，对没有内在联系的单个字只能看清3～4个，对内容有联系的组成词或句子一般可看到5～6个字。

人的注意范围的大小并不是固定不变的，影响注意广度的因素主要有以下两个方面：

(一)知觉对象的特点

注意的对象越集中，排列得越有规律，越能成为相互联系的整体，注意的范围也就越大。实验证明，颜色相同的字母比颜色不同的字母注意范围要大些；排列成行的字母比分散的字母注意量要多些；对大小相同的字母比大小不同的字母感知的数量要大得多。

(二)个人的活动任务和知识经验

知觉活动的任务多，注意的范围就小；知觉活动的任务少，注意范围就大。知识经验丰富，注意范围就大；知识经验贫乏，注意范围就小。例如，观看一场足球比赛，爱好足球的人和经验丰富的足球运动员,对全场比赛的情况都能看到,谁犯规,谁越位,一目了然,而不熟悉足球运动的一般观众,却观察不到谁犯规、谁越位,更不用说如何犯的规、如何越的位了。

扩大注意范围,可以提高学习和工作的效率。打字员、电报员、排字工人、驾驶员、体育裁判员、球类运动员等都需要较大的注意范围。

三、注意的分配

注意的分配是指在同一时间内把注意指向于不同的对象。

注意的分配对人的实践活动是必要的,也是可能的。例如,教师一边讲课,一边观察学生听课的情况;篮球运动员一边运球上篮,一边注意对方防守队员的抢断;汽车司机在双手操纵方向盘的同时,还要注意道路上的行人、车辆、障碍物和灯光信号等。

注意的分配是有条件的。

首先,同时进行的几种活动必须是有联系的,不是互相排斥的。如果它们之间毫无联系,则同时进行这些活动就很困难;但如果在它们之间已形成某种反应系统,同时进行这些活动就比较容易。例如,做技巧运动时,身体处于空翻过程的同时思考一道算术题,这两种活动就是毫无意义、相互排斥的;如果思考的是如何控制身体翻腾的用力和方位,以便掌握身体落地的有利时机,那么这两种活动就是相互联系、行之有效的了。

其次,同时进行的两种或几种活动,只有一种活动需要较多注意,而其他活动则是熟练的或自动化了的。由于人们对熟练的活动不需要更多的注意,因此,可以把注意的中心集中在比较生疏的活动上，使注意的分配成为可能。例如，初学自行车的人，注意扶把，却顾不到蹬车；注意保持身体平衡，却顾不到车行的方向；至于一边骑车一边思考问题，那就更办不到了。待到各个动作技术逐步熟练了，协调了，则不仅不会出现扶把与蹬车的矛盾，而且还可以在行车过程中“眼观六路，耳听八方”。

注意分配的能力主要是在实践过程中锻炼出来的，对于飞行员、运动员、教师等都是十分重要的。

四、注意的转移

注意的转移是指根据新的任务，主动地把注意从一个对象调动到另一个对象上。它和注意的分散是不同的，虽然都是注意对象的变化。注意的转移是在实际需要时，有目的地把注意转向新的对象，使一种活动合理地为另一种活动所代替。注意的分散是在需要注意稳定时，注意离开需要注意的对象。

注意转移的快慢和难易取决于原来注意的紧张程度和新对象的特点。如果对原来事物的注意紧张度高，新的事物或新的对象越不符合个人的需要和兴趣，注意转移也就越困难、越缓慢；反之，注意的转移就比较容易和迅速。

人的注意特性与先天因素有关，但主要是在后天的生活实践、教育和训练中发展起来的。对于不同项目的运动员来说，应全面了解自己的注意特性和该项目需要的注意特性，在实践中有意识地培养自己的注意能力。

第四节 儿童注意的特点及教学

一、儿童注意发展的一般特点

（一）有意注意在认识中的地位逐渐提高

在个体发展中，无意注意的发生先于有意注意。小学低年级儿童无意注意已相当成熟，一切能引起成人无意注意的对象也能引起小学低年级儿童的注意。因此，他们的认识活动常依赖无意注意。例如，初入学儿童的注意状态取决于教学内容的直观性和形象性。同时，无意注意的效果也要比运用有意注意的效果好。到了小学中、高年级，儿童的有意注意迅速发展，儿童在日常学习活动中更多地依靠有意注意，而且有意注意的效果明显高于无意注意。在高年级学生的认知活动中，有意注意的作用超过了无意注意，占据了主导地位。

（二）注意的有意性由被动到主动

小学低年级儿童的有意注意缺乏自觉性，表现为自己不会主动确立目的，需要教师或家长给定目的；在注意进程中不会组织自己的注意，需要他人不断提醒和关照。随着儿童心理活动目的性、有意性、自控力的逐渐增强，小学高年级儿童逐渐能自行确立目的，并根据一定的目的，独立地组织自己的注意。

二、注意规律在教学中的应用

(一)运用无意注意的规律组织教学

1. 创设良好的教学环境

教学环境包括校园和教室内部的环境。校园要安静、整洁,避免噪音和有害空气的污染。要绿化和美化校园,使之成为适宜于学习训练的场所。教室的布置要简朴,富有教育意义,保持教室空气新鲜,光线充足。教师的服饰、发型不宜过于耀眼,有的教师换了新装或理了新发型后,往往在上课前先到学生面前"亮相",这种做法可以有效地减弱学生上课时的注意分散。

2. 恰当的教学内容和教学方法

教师讲授的内容难易要适当,让学生既能听懂又要有新意。在处理教材的重点、难点时,教师应注意运用具体生动的教学方法,如充分利用直观教具,语言生动形象,语调抑扬顿挫,配以适当的表情和手势,化难为易,吸引儿童的注意,教学中必须重复的东西,如课文的熟读、同一题型的反复练习,教师应采用灵活多变的方法,保持新颖性。

(二)运用有意注意规律组织教学

1. 提高活动的目的性

在学习或其他活动中,教师应提出具体的目的、要求、内容及具体方法,让学生切实地感受到集中注意对完成活动的重要性并懂得如何正确地组织自己的注意,切忌离开教材本身,离开儿童的知识经验,用一些空洞抽象的说教来动员儿童的注意。

2. 激发学习动机

要让儿童体验到自身学习的成功，以此来激发他们的学习动机。这是使儿童把注意力集中在学习上的最有效手段。教师要充分肯定儿童主动回答问题的积极性；批改作业时要尽量挖掘学生的优点，对于不足之处，要正面引导。对每次作业应用红笔做出肯定的标志，例如用“√、☆、优”等；定期展示班级学生的学习成果，对每个学生的进步予以及时的肯定和精神嘉奖等。当学生看到自己的学习被肯定，便会获得成功的喜悦，从而不断培养对学习的兴趣，更加努力地注意学习活动。

3. 训练良好的注意习惯

教师可选择一些有一定难度、需要集中注意才能完成的任务交给学生，让他们解决。任务既可以是结合课程的，也可以是纯训练的，教师可根据需求自行设计问题。例如，要求学生快速阅读或组织抢答题竞赛，以培养他们高度集中的注意能力；将不同学科、不同性质的问题交叉随机地呈现，以训练学生注意灵活转移的能力等。

（三）运用无意注意与有意注意转换的规律组织教学

在教学中，单纯依靠无意注意，会使教学活动缺乏目的性和计划性，容易使学生对知识浅尝辄止，遇困难时半途而废。若过分强调依靠有意注意来学习，容易造成疲劳和注意的分散。所以，教师要善于运用两种注意的转换规律组织教学，使学习活动既成为学生乐而为之的事，又能够激发学生的学习动机，用顽强的意志来克服困难，完成学习任务。例如，一节课中教学内容安排应有难有易，教学方式应稳中有变，使学生的注意有张有弛。教学是一门极其复杂的艺术，它只有一般的规律可循，没有固定的操作模式可仿效。在如何运用两种注意转换规律的问题上同样如此。

[练习]

一、解释

注意　无意注意　有意注意　有意后注意　注意起伏

二、填空

1. 注意是心理活动对一定对象的____和____。

2. 注意具有____、____和____功能。

3. 根据注意时有无目的性和意志的努力程度不同，可把注意分为____和____。

三、判断

1. 注意这种特殊的心理现象是一种独立的心理过程。

2. 在100米竞赛中，人们常注意跑得最快的运动员，这是有意注意。

3. “一目十行”是注意分配的表现。

四、应用题

1. 分析自己在专项训练中注意的特征。

2. 如何运用注意的规律组织教学？

[阅读材料]

注意和意识状态

注意是一种意识状态，或者说是一种比较清晰、比较紧张的意识状态。人从睡眠到觉醒再到注意，他们的意识状态可能处在不同的水平上。睡眠是一种无意识的状态。人在睡眠时，他对自己的活动（如做梦）意识不到，或不能清晰地意识到。从睡眠进入觉醒以后，人开始能意识到自己的活动，并且能有意识地调节自己的行为。但是，人在觉醒状态下的活动，并不是都能意识到的，因而也不是都有注意的。注意是意识对一定对象的指向与集中。因此，在注意状态下，人的意识不仅比较清晰、比较紧张，而且在这种状态下的活动，也是人们能够意识到的。

彭聃龄《普通心理学》140 页　北京师范大学出版社　1988 年

注意时的眼动

在视觉注意中，眼睛有三种基本运动形式：注视、跳动和追随运动。注视是眼睛对准某一事物的活动。为了保证对事物清晰的反映，眼球还必须跳动和追随运动。

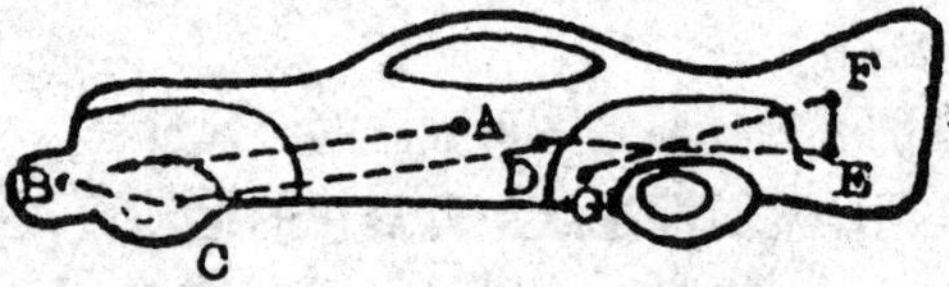

图 7-3　观看汽车时的扫描路线

当人们注意某个物体时，眼球的运动并不是平稳地滑动，而是以跳跃的方式移动。视线先在对象的某一部位停留片刻，注视后又跳到另一个部位上，并开始对新的部位进行注视。在注意某个事物时，眼睛就是以不断地注视、跳动、再注视……的方式观察事物，图 7-3 是人在注意观察汽车时眼睛运动的扫描路线。

叶奕乾　何存道　梁宁建　《普通心理学》 104 页　华东师范大学出版社　1991 年

第八章　个性倾向性

［本章重点］

1. 什么是个性倾向性？
2. 什么是马斯洛的需要层次理论？
3. 什么是动机？

个性倾向性是人进行活动的基本动力，是个性中最活跃的因素，它制约着所有的心理活动，表现出个性的积极性。个性倾向性表现在对认识和活动对象的趋向和选择上，它主要包括需要、动机、兴趣、理想、信念和人生观。

第一节　需　要

一、需要的概念

需要是个体生存和发展所必需的各种要求条件在人脑中的反映。人既是生物有机体，又是社会的一员，要维持正常的活动，必须从自然和社会环境获取某些东西，当个体感到某种欠缺时，就会引起一种紧张状态，这种个体与环境间的不平衡状态反映在人脑中就是需要。

需要的基本特性是需要的动力性。需要和活动紧密联系着，是人活动的基本动力。需要总是指向某种客体或对象，并推动人去积极活动。但是，人的需要不会因满足而停止，旧的需要满足了，新的需要又产生了；主要的需要满足了，次要的需要又上升了；还有一些需要的满足只具有暂时性，随着时间的流逝，又会周期性地出现。总之，众多的需要促使人去探索、去行动。人的衣食住行、学习工作、婚恋生育、创造发明等等，没有哪一样不是在需要的推动下进行的。需要是有机体活动的力量源泉。

二、需要的分类

人的需要是多种多样的，根据不同的标准可将需要分成不同的种类。

（一）生理需要与社会需要

根据起源来分，可将需要分为生理需要与社会需要。

生理需要又称自然需要。个体对饮食、休息、睡眠、热量、运动、排泄、性等的需要，都是生理需要，它们是维持机体生存和延续种族所必需的。生理需要往往带有周期性。动物也有生理需要，但人的生理需要和动物的生理需要有本质的不同，人的生理需要受社会生活条件的制约。马克思指出："饥饿总是饥饿，但是用刀叉吃熟肉来解除的饥饿不同于用手、指甲和牙齿啃生肉来解除的饥饿。"这生动地说明了人和动物在需要的对象和满足的方式上有本质的区别。动物只能等待大自然的恩赐，而人主要靠社会生产劳动创造出自己需要的对象，并且随着生产的发展，又提高自己的生理性需要。"饮食"不再仅仅是为了解除饥饿，而且讲究文明，讲究“色、香、味”。

个体对交往、劳动、道德、威信、美、认识等的需要都是社会需要，它们是通过后天学习得到的，是人类在社会历史发展过程中产生的高级需要。社会需要通常是从社会要求转化来的，当个人认识到社会要求的必要性时，社会要求就转化为个人的需要。我们都知道，物质生活资料的生产是人类社会存在的基础，如果停止了生产活动，人类社会根本就不能存在。当个人认识到劳动是社会赖以存在的基础时，就会产生对劳动的需要，表现为热爱劳动、向往劳动、对工作负责等，并富有首创精神，在不劳动时会感到难受。

（二）物质需要与精神需要

根据需要的对象，可以把需要分为物质需要和精神需要。

个体对空气、阳光、水、家具、服装、书籍等的需要都是物质需要。物质需要既包含生理需要，也包含社会需要。

精神需要是人类所特有的需要，如交际的需要、认识的需要、创造的需要、美的需要和道德的需要等等。

人类的物质需要和精神需要随着社会生产力的发展而发展，从而使人们获得更多的满足。

三、马斯洛需要层次理论

美国人本主义心理学家马斯洛（Maslow）认为，人类的主要需要是按层次组织起来的。他把人类的需要概括为五个层次：生理需要，如饥饿、口渴等；安全需要，如安全感、稳定感；归属关系和爱的需要，如社交、归属和认可的需要、亲情和爱的需要；尊重需要，如威信、自尊；自我实现的需要。自我实现是马斯洛的一个重要概念，即指最大限度地实现个人先天潜能的基本趋向。它代表个性发展的最高水平，指个人充分发展自己的个性，使个性各部分都很和谐。后来，他又把需要层次改为七级，即在“尊重需要”之上加上“认知需要”和“美的需要”，各种需要关系见图 8-1。

图 8-1　马斯洛的需要层次图

马斯洛认为需要具有层次性，需要的满足是由低层向高层不断发展的，低级的需要得到了基本满足，高一级的需要才会出现。生理需要是最强、最迫切要求满足的需要，生理需要基本得到满足以后才有安全需要的出现，安全需要基本得到满足以后才有归属关系和爱的需要的出现。依此类推，当所有的需要层次相继满足以后，自我实现的需要才能充分表现出来。

马斯洛把生理需要、安全需要、归属关系和爱的需要、尊重需要称为缺失需要，如果这几种需要得不到满足，寻找满足这些需要的动机就增强，如果这些需要得到满足，这方面的动机就减小。马斯洛把认知需要、美的需要和自我实现的需要称为生长需要或存在需要。这些高级需要的满足，并不使动机停止，而是使动机作用进一步提高。一个求知欲望很强的人会不断更新知识、学无止境。

马斯洛的需要层次理论在理论和实践中有一定的意义。在一般情况下，如果学生和工作人员生理需要和安全需要得到满足，就能激发更高级的需要，而高级需要的激发对教育和管理工作有更重要的意义。

但马斯洛的需要层次理论忽视了社会历史条件对人需要的影响，没有很好地说明需要产生的社会意义。另外，马斯洛的需要层次理论依据观察和推理较多，虽然也反映了一定的客观事实，但缺乏客观的测量指标。

第二节　动　机

一、动机的概念

动机是激发和维持个体活动并朝向某一目标的内部动力。动机和需要是紧密联系着的。在主观上常以意向和愿望体验着的需要是动机的基础，动机所引发的活动一般都是为了满足个体的某种需要。动机总是与满足需要的具体途径和方式联系在一起并通过某种活动体现出来。动机表现在活动的选择性、坚持性和紧张性上。例如，由于动机的不同，一个人可能去学打网球，而另一个人则可能去学钢琴；由于动机的不同，在出现运动“极点状态”时一名运动员可能坚持到底，而另一名运动员则可能放弃比赛；由于动机的不同，一名运动员在训练中可能马马虎虎、消极被动，而另一名运动员则可能认认真真、积极主动。动机具有方向和强度两个维度。动机的方向表现在活动的选择性上，动机的强度表现在活动的坚持性和紧张性上。

动机与具体活动的关系是很复杂的，他们之间并不是一一对应的。不同的动机可以通过相同的活动表现出来；不同的活动也可能是由于相同或相似的动机所支配，并且人的一种活动还可以由多种动机所支配。

二、动机的作用

动机作为心理活动的一种动力，它具有三个基本功能：第一是激发功能，动机可以激发个体产生某种行动；第二是指向功能，动机使个体的活动指向一定的目标和对象；第三是维持和调节功能，动机可维持和调节个体活动的强度和持续时间。

动机的强度影响活动完成的效率。一般来说，动机强度与活动效率之间是一种“倒 U 曲线”关系，即过低和过高的动机强度都不利于活动的完成，中等强度的动机最有利于活动的完成，见图 8-2。这种中等强度的动机就是完成活动的适宜动机水平。不同活动的适宜动机水平不一样。从活动的性质来看，复杂的活动较简单的活动的适宜动机强度低；从个体掌握技能的程度来看，对于掌握程度低的个体而言适宜的动机强度的范围较小，对于掌握程度高的个体而言适宜的动机强度的范围较大。

三、动机的分类

（一）生理性动机与社会性动机

根据动机的性质可将动机分为生理性动机和社会性动

机。

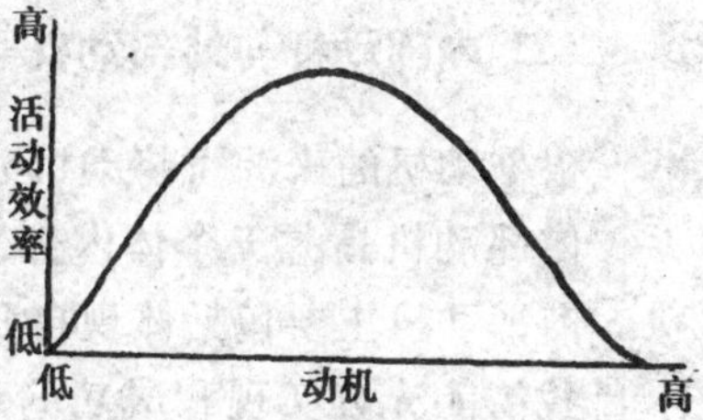

图 8-2 动机与活动效率关系图

生理性动机是与个体的生理需要相联系的，主要是为了满足生理性需要的动机，如为满足饥、渴、困的需要而进食、饮水和睡觉。生理性动机是人和动物都具有的，但人的生理性动机与动物的生理性动机是有区别的。

社会性动机是与个体的社会需要相联系的，主要是为了满足社会需要。社会性动机主要包括成就动机、亲和动机和权力动机等。

成就动机是指个体追求成功的内在动力，是个体为了达到自己所期望的目标而努力奋斗并力求精益求精的心理倾向。心理学家阿特金森认为成就动机包括两个维度：希望成功和惧怕失败，成就动机是这两个维度相互抵消的结果。成就动机高的人一定是希望成功的力量远大于惧怕失败的力量。体育运动是一种典型的成就情景，高成就动机是优秀运动员的一种重要的心理品质。

亲和动机是个体在社会中与他人亲近和交往、建立友谊或爱情的动机。研究表明，在高焦虑情景中，个体的亲和动机会明显增强。

权力动机是个体力求影响他人、支配他人的动机。研究表明，权力动机强的人都对社会事物怀有浓厚的兴趣，并想以其行为影响大众。权力动机有个人化权力动机和社会化权力动机之分。前者主要是为了满足个人的需要，后者主要是为了满足社会的需要。

（二）内部动机与外部动机

根据动机的来源可将动机分为内部动机和外部动机。

内部动机是源于个体内部、与活动过程本身相联系的动机。内部动机主要包括体现自我力量、能力和价值的动机，追求自我潜能充分实现和成功的动机及寻求刺激、满足好奇心的动机等。

外部动机是源于个体外部与活动结果相联系的动机。例如，在运动训练中，由领导、教练、家长的压力而引起的动机。

内部动机和外部动机都对个体的活动起着动力作用，但两种动机的作用特点是有差别的。内部动机较外部动机的作用持续时间更长、更稳定、更积极；内部动机可不依赖于外在的强化物而起作用，活动本身对于内部动机就是一种强化，而外部动机依赖于外在强化物，如奖金、赞许等。

四、运动动机的激发与培养

运动动机是个体从事体育运动的动机。激发和培养儿童的运动动机可采用以下途径和方法：

（一）激发儿童对体育运动的好奇心

好奇心是儿童从事体育运动的内部动力。许多儿童从事体育运动就是出于对体育运动的好奇。让儿童观看著名运动员的表演是激发儿童好奇心的有效方法之一。此外，也可以利用儿童的逆反心理来激发儿童的好奇心。

（二）激发儿童对体育运动的需要

体育运动可以满足儿童的多种需要。如儿童的健美的需要、交往的需要、自我磨炼的需要等都可以通过体育运动来满足。因此,激发儿童与体育运动有关的各种需要,有助于激发儿童的运动动机。

(三)增强儿童从事体育运动的自信心

儿童很容易因对所从事的体育运动缺乏信心而不愿或放弃体育运动。因此,应加强对儿童运动技能的指导,使他们能在体育运动中体验到成功。这样可以增强他们的自信心,提高运动动机。

(四)对儿童从事体育运动进行科学的外部奖励

外部奖励是人们激发儿童从事体育运动的常用方法之一。但外部奖励也可能对儿童从事体育运动的内部动机产生消极影响。因此,在采用外部奖励时,不能损害儿童的自我决定感和能胜任感。

第三节　兴趣爱好　理想信念　人生观

一、兴趣与爱好

(一)兴趣

兴趣是与认识性动机密切相关的,是促使人们探索认识事物的心理倾向。具有这种心理倾向性的人,活动的持续性增强,积极性高涨,始终沉浸在一种兴奋、快乐的正性情绪体验之中。例如,一个人对足球感兴趣,他就会主动学习有关足球的知识，搜集球星资料，关心足球赛事，热衷观看足球比赛，乐此不疲。

能引起人们兴趣的事物，一般都有两个特点：一是在某种程度上与已有的知识经验有联系，二是这类事物往往包括未理解的内容，能为主体提供新的知识。几经接触，便使主体有一种向往心情甚至迷恋。

兴趣与动机一样，也是在需要的基础上产生的。由于人的需要的多样性，人的兴趣也是多样的。兴趣将随着人的需要特别是精神文化需要的发展而发展。

兴趣、动机虽然都以需要为基础，但兴趣比动机还要更进一步。因为，对事物有一定的动机，未必一定会有兴趣，但有兴趣的事必然有相关动机促使和伴随。兴趣这种高一层的个性倾向性，将使主体的活动更加努力自觉。

兴趣按产生的原因可分为两种：直接兴趣是由活动本身的需要而引起的；间接兴趣是对活动本身并无兴趣，但对活动的结果感到需要引起的。例如，有人对枯燥单调的身体训练本不感兴趣，但对身体训练水平的提高有助于他发挥运动水平感兴趣，从而也愿意自觉进行身体训练，这就是间接兴趣。间接兴趣可转变为直接兴趣。

兴趣是个性的重要发生点，很难想象一个对什么都没有兴趣的人，会是一个个性丰满、事业有成的人。我们必须充分认识到这一点，在学习、工作、生活中培养良好的高尚的兴趣，提高自己活动水平，增加知识，开阔眼界，体验愉悦，争取成功。

（二）爱好

爱好是在兴趣的基础上产生的积极从事某种活动的心理

倾向。如果说兴趣更多停留在认识上的话，那么爱好就更多地付诸在行动中。

具有爱好的行动是意识清楚、目的明确的行动，往往是自觉克服困难的意志行动。当我们看到儿童在自己爱好的玩泥、玩沙、踢球、练武等活动中表现出来的忍耐、勇敢与坚强，就会明白爱好对锻炼儿童的意志品质，进而培养性格的意志特征是多么重要。另外，在退休后的老人中间，我们发现，有一定活动爱好的人，生活充实，社会适应能力较强，身体与个性的衰老都比同年龄爱好贫乏、生活单调的人显得缓慢得多，身、心健康的程度均高得多。

二、理想与信念

（一）理想

理想是人们对人生和未来世界的向往和追求。作为个性倾向性理想，不仅是一般的指向未来的想象，它还包括自己努力认识事物规律，接受社会风气、思潮作用的结果。一个成熟的人，理想中有明显的信仰成分，一旦确立，就较坚定，它不仅具有理智的激励成分，而且更具情感、意志上的感召力，成为人们精神上的灯塔。

研究表明，儿童时期是理想的萌发时期，儿童的理想多与兴趣、爱好相关，且多变而不稳定。青少年期的理想大都与未来职业有关，幻想色彩浓郁，形象具体生动。青年期是理想形成和发展的时期，青年的理想多具有人生和哲理意味，综合概括性强，往往以科学原理为根据，以社会需要为前提，个人兴趣、爱好服从大的原则，充分考虑现实情况，比较实际和稳定。

(二)信念

信念是知、情、意结合的动机系统,是与理想一致的自觉的行动原则。在具体的生活中,信念表现为主体对某种观念有深刻的领悟和理解,坚信不移,并对此充满理智感、道德感等高级情感,在活动中努力贯彻,自觉执行,表现出知、情、意的统一品格。

一个信念明确的人,一定是一个立场坚定、爱憎分明、敢作敢为、个性鲜明的人。而一个缺乏信念的人,必定是个性模棱两可、感情暧昧、认识上回避矛盾、判断易受暗示、随大流的人。

信念是一个人的精神支柱,革命者纵是牺牲生命也不改初衷;而信念瓦解或动摇,是许多人罹患心理疾病,终至精神崩溃的根本原因。

三、人生观

人生观是个性倾向中以需要动机为基础,兴趣、爱好为手段,理想、信念为目标的综合评价系统。它是个人心理活动的最高动力调节器。它统帅着人的行为,影响着人的整个精神面貌。人生观中最重要的是人生价值观:人生的目的、人生的态度、人生的方式及人生的手段等等。作为一种内心的标准和尺度,无时无刻不在对人的各种心理现象做出主、客观的评价与校正。

人生观是许多科学研究的对象,心理学着重从个体人生观形成的角度研究它的发展变化过程,研究它作为个性倾向总系统的全面影响。

人生观的确立,是人心理成熟、个性完善的重要标志。青年初期是人生观初步形成的时期，虽然少年已经对人生的问题开始发生兴趣，但只有经历了十多年对自然、社会以及自身变化的长期认识，在理想日趋明确，信念愈益坚定之时，才可能对人生、对世界有比较稳定和系统的看法。

人生观受到社会、历史条件的明显作用，家庭、学校、社会环境都给予一个人的人生观以不可磨灭的影响。个人的成长与经历、朋友、团体……都在潜移默化地起作用。随着一个人自我意识的成熟，人开始主观地、有意识地消化这些影响，逐渐形成对人生的总的看法。

从需要到人生观的个性倾向性系列，是人个性发展的力量源泉，它们分别在不同的水平上影响着人的行为与态度、活动与精神，决定着个性发展的力度和方向。

第四节　儿童个性倾向性的发展及培养

一、儿童需要的发展

人一出生只是一生物个体，新生儿最强烈的需要就是生理性的温饱需要，随着成长，其次是安全的需要、爱的需要。一般来说，在一个健全的家庭中，父母都会尽力满足这些需要，从而使孩子茁壮成长。随着独立行走及语言的获得，幼儿的活动范围越来越宽，所包含的社会内容也越来越多，社会性的需要迅速增长。随着进入幼儿园、小学的学习，儿童得到师长、社会多方面的教育和关爱，要成为一个乖孩子、好儿童、优秀学生的愿望也日渐清晰和明显，这也是儿童归属性需要产生的最初原因。学校生活有明确的社会规范和要求，儿童在班集体、少先队组织的活动中，学习掌握种种社会标准，学习处理各种人际关系，逐渐产生尊重和自尊的需要、认知的需要及美的需要。

儿童的社会性需要是在生理需要满足的基础上逐渐增长的，但社会性需要往往也要在教育的引导和启发下才能产生。初生的社会需要很稚嫩、很脆弱，若不注意保护和鼓励，极易夭折，家长及各类教育工作者应充分重视这一点。另外，不少独生子女家长由于疼爱子女过度满足其生理需要，往往会延缓孩子社会性需要的产生与增长，不利于儿童心理的发展，这是要引以为教训的。

不论是在家庭还是在学校环境中，家长和教育工作者除了关心儿童的饮食起居外，还应主动地把儿童的目光引向社会生活，鼓励儿童参与社会性活动，关注社会性需要、精神性需要的萌发与壮大，促使儿童需要向更高层次发展。

二、儿童动机的发展

学龄前儿童的主导活动是游戏，进入学校念书，学习就成了他们的主要活动。这里主要讨论学习动机问题。

初进学校，儿童的学习动机主要表现在对学习过程的形式感兴趣。“背起书包上学校”，按铃声上下课，这些都使儿童感到新奇，他们上学，就是要接受这些新的活动形式，至于为什么要上学，他们不很了解，对学习结果也不会重视。一旦学习中遇到困难，就想不学了。为此，必须及时引导儿童重视学习结果，善于对儿童学习结果作出正确评价，是激发学习动机的重要方法。

中年级儿童已初步具有自学能力，学习的独立性增强，开始出现喜欢看课外书与课内学习的动机冲突，学习兴趣也开始分化,此时的动机教育要讲清道理,帮助儿童认识学习的社会意义并获得感性体验,要避免用粗暴的方式干预儿童行为,损伤儿童的自尊心,导致学习动机向消极方面发展。

高年级儿童的学习兴趣和爱好都更加分化,能力发展也各有特点,抽象思维能力已有很大提高,一般的学习动机都有所增强,但不少儿童易犯忽冷忽热、在困难面前不能坚持的毛病,甚至流于幻想。此时的学习动机教育应进一步明确学习目的,重视学习结果,把学习的社会意义提高到初步理想的水平。此外,激发和培养儿童对智力活动过程的兴趣,是提高学习动机的自觉性水平的重要方面。

三、儿童理想的培养

研究表明,3 岁左右的儿童已有了初步的想象。学龄前儿童无意想象占主要地位,在游戏时拿到什么玩具便做什么游戏,同时进行相应的想象,往往没有预定的目的,更缺少自觉的意志努力。

学龄期的低年级儿童,由于语言、意识的不断发展,有意想象迅速发展,但是以再造想象为主。如参观某个展览之后,回想起来的多是零散的片断的内容,形象简单而不完整,创造性成分很少。在正确的教育下,儿童身上可看出有一定创造成分的理想萌芽,这在命题作文中常可看出,它虽然粗浅而不完善,却往往表达了儿童的主动精神。

小学中年级儿童由于知识面的扩大,好奇心的增长,创造想象的成分逐渐增加,由于更多地接触现实生活,他们对神话、童话的爱好有所降低,而更喜欢反映现实生活的文艺作品,如爱听战斗英雄的故事、爱看反特的惊险影片。中年级儿童往往还会把自己编入某个憧憬的英雄故事之中,以此来表达自己的理想。但中年级儿童的理想很容易因环境变化的影响而变化，一会儿想当解放军，一会儿又想当科学家、当医生。对榜样的模仿也多停留在外部行动上，如走路的姿势、说话的口气等等。

小学高年级儿童的自我意识水平已有很大提高，道德意识有很大发展，自我评价内容和范围逐渐扩大，在正确的教育指导下，高年级儿童已能将自己的现在、未来与家庭、学校，甚至国家、民族联系起来，对自己将来要成为什么样的人物，要干什么事，要走什么路等有了虽然是朦胧但却是严肃认真的展望，产生了符合社会规律的理想。

理想是人生的风帆，是儿童个性发展的重大契机。我们既不能忽视小学儿童理想的发生，也不能过高估计其达到的水平，教育者应清醒地认识到，要建立人生的宏伟目标、远大理想，这仅仅是开始。在少年期和青年期，人还要经历巨大的变化，儿童期建立的理想还会经受严峻的考验。

[练习]

一、解释

需要　动机　兴趣　爱好　信念

二、填空

1. 需要的种类多种多样，根据需要的起源可将需要分为____和____；根据需要的对象可将需要分为____和____。

2. 动机具有____和____两个维度。

3. 动机强度与活动效率是一种____关系。

4. 兴趣可分为____和____两种。

5. ____是心理活动的最高动力调节器。

三、判断

1. 生理需要都是物质需要。

2. 社会需要都是精神需要。

3. 任何活动的适宜动机强度都是一样的。

4. 外部奖励总是会增强内部动机。

5. 间接兴趣也可转化为直接兴趣。

四、应用题

1. 怎样激发和培养儿童的运动动机?

2. 动机强度与活动效率有什么关系?

[阅读材料]

自我实现者的基本特征

A. H. 马斯洛对自我实现者人格特征的概括,共为15条,是他对他的学生进行抽样调查和对历史上和当代著名人物如斯宾诺莎、贝多芬、歌德、爱因斯坦、林肯、杰弗逊、罗斯福等进行案例研究得出的结论。大意为:①能认清现实并保持与现实的良好关系;②能理解并接受自然、他人和自己;③自发,单纯,坦率;④热爱事业,醉心工作,以问题为中心,而不是以个人利益为中心;⑤有独处的需要,能独立思考;⑥自主而不依赖环境;⑦能欣赏生活,有持续的新鲜感;⑧有较经常的高峰体验和高原体验;⑨同情人,帮助人,关心社会;⑩能发展与他人的深刻关系;⑪民主的作风,能听取意见,虚心学习,平等待人;⑫能区分手段和目的,目的比手段更重要;⑬哲理的幽默;⑭富有创造精神;⑮非遵奉的态度,能坚持自己的正确观点。

荆其诚《简明心理学百科全书》第一版　湖南教育出版社　1991年

外部奖励对内部动机的影响

外部奖励可以加强内部动机，同时，它也可以破坏内部动机。有个经典故事很好地说明了这一点：有一天，有个老人将孩子们叫到房前，告诉他们说，他十分想听到他们的玩耍声，但因为他的耳朵有点儿聋，所以希望孩子们弄出的吵闹声更大些。他说谁要是这么做了，就给谁 25 分钱。于是，孩子们就玩耍起来，弄出很大的吵闹声，然后就得到那老头给他们的钱。第二天，他们又去玩耍并有意高声吵闹，但当他们去领钱时，那老人很抱歉地说他只能付给他们 15 分钱了。第三天，孩子们又去玩耍，高声吵闹，这回老人说他手头的钱所剩无几，只能付他们 5 分钱了，并且告诉孩子们说他明天 1 分钱也拿不出来了，但希望孩子们仍来玩耍。气愤的孩子们说，如果什么都得不到，他们就决不会再来为这个老头玩耍了！

如果进行外部奖励的方法不当，使运动员感到进行这种奖励的目的是为了控制他们，甚至是贿赂他们，那么就很可能会破坏内部动机。我们再来举个例子。有许多学校都想招聘洛杉矶湖人队的著名篮球运动员约翰逊，当有人问他校方向他提供了什么条件时，约翰逊说：“他们答 应给我汽车和钱，这立刻使我产生了厌恶感，就好像他们正设法买到我，而我讨厌任何人设法买我。”迪尔·瑞安(1979 年)发现没得到奖学金的足球运动员比得到奖学金的运动员有更强烈的内部动机。

外部奖励究竟是如何破坏内部动机的？这的确是许多人都关心的问题，我们在这方面已掌握了许多知识。有证据表明，尤其对儿童来说，像体育这样的活动，一旦已经由内部动机激发起来，再进一步提供外部奖励，则在某些条件下会破坏内部动机。

有可能破坏内部动机的条件有：

（一）在最初，这个人是由于内部动机而参加某项活动的；

（二）外部奖励对这个人亦很重要，它们有着强化的效能；

（三）运动员觉得外部奖励是在企图控制自己的行为，而不是在给自己提供自己表现如何的信息；

（四）不管一个人的表现如何，均提供外部奖励，也就是说，外部奖励并没有根据个人表现而定。这给运动员造成这样的印象，即他们得到奖励是由于参加了体育运动，而不是由于在这项运动中有了进步或取得了成绩。

但请注意，尽管如此，只要让运动员觉得外部奖励是在给他们提供他们能力如何的信息，只要根据运动员的具体表现来提供外部奖励，那么，这种外部奖励是有可能加强内部动机的。当一个人一开始没有参加体育运动的内部动机时，外部奖励还有助于发展人们对某项运动的兴趣。在培养和激发动机方面有经验的教练员会慢慢地减少或淡化外部奖励，而逐渐强调内部奖励。然后，由于体育运动对获胜（结果）提供了许多外部奖励，教练员还可以运用这些外部奖励来承认和肯定运动员比赛中的表现（不管他在比赛中是输还是赢）。

王惠民等《心理技能训练指南——教练员运动员实用手册》第一版 人民体育出版社 1992年

第九章　个性心理特征

[本章重点]

1. 能力与知识、技能有什么关系？

2. 人有哪几种典型的气质类型？

3. 什么是性格的结构？

个性心理特征是在一个人身上经常地、稳定地表现出来的心理活动特点。它往往以某种机能系统或结构的形式在个体身上固定下来，形成了相对稳定的心理结构。个性心理特征包括能力、气质和性格三方面。

第一节　能　力

一、能力的概念

能力是人顺利完成某种活动所必备的个性心理特征。能力总是和活动联系在一起，直接影响着活动的顺利完成，并在活动中得到发展。人们完成某一活动需要许多主观条件，如人们在学习活动中所需的观察力、记忆力、思维力，在音乐活动中所需的节奏感、听觉表象力，在从事体育运动中所需的运动专项知觉能力、注意力等，都属于能力。性格虽然也会影响到人顺利完成某种活动，但性格不是完成某一活动所必不可少的心理特征，因而它不属于能力。要顺利完成某种复杂的活动，仅仅具备一种能力是不够的，常常需要有几种能力的有机结合。多种能力的有机结合称为才能。如果一个人在某一方面或几个方面有杰出的才能，这个人就被称为天才。

能力和知识、技能既相互联系又相互区别。首先，能力不同于知识、技能。能力和知识、技能属于不同的范畴。能力是人的个性心理特征，而知识是人类社会历史经验的概括和总结，技能则是人完成某种活动的活动方式。能力的发展和知识、技能的发展也并不完全同步。其次，能力和知识、技能又密切联系，互为条件。一方面，掌握知识和技能是以一定的能力为前提的；另一方面，能力的发展离不开知识、技能的掌握。

能力是完成某种活动的基本条件，但不是活动成功的唯一条件。活动成功与多种因素有关，但没有完成某种活动的能力则活动不会成功。

二、能力的种类

根据不同的标准可将能力划分成不同的种类。

（一）一般能力和特殊能力

一般能力是完成各种活动所必须具备的能力。如注意力、观察力、记忆力、思维力等都属于一般能力。

特殊能力是在某种专业活动中表现出来的完成某种专业

活动所必须具备的能力。如绘画活动中的色彩鉴别力、运动员的运动知觉能力等都属于特殊能力。

一般能力的综合常称为智力。它是人们获得知识以及应用知识解决实际问题时所必须具备的重要心理特征。

（二）优势能力和非优势能力

根据能力在活动中的作用大小，将能力分为优势能力和非优势能力。优势能力对完成某一行动具有决定性的作用，如音乐活动中的节奏知觉能力、体操运动员的平衡能力等在相应活动中都是优势能力。非优势能力是对完成某活动不具有决定性意义的能力。优势能力和非优势能力只是相对的，在一种活动中为优势能力，可能在另一种活动中则为非优势能力。

（三）认知能力、操作能力和社交能力

根据表现能力的活动不同，可将能力分为认知能力、操作能力和社交能力三种。认知能力是在认识活动中所表现出来的能力，主要包括注意力、感知能力、记忆力和思维力等。操作能力是在人们操纵自己的肢体以完成某种活动时表现出来的能力。主要包括时间知觉能力、空间知觉能力、运动知觉能力、运动表象能力等。社交能力是在社交活动中所表现出来的能力，主要包括组织管理能力、言语感染能力、判断决策能力等。

三、能力的个体差异

每个人的能力是不一样的，没有两个人的能力完全相同。能力的个体差异主要表现在能力的类型差异、能力发展的水

平差异和能力表现的早晚差异三方面。

（一）能力类型差异

人的各种能力并不是均衡发展的，有人在这一方面的能力占优势，有人在那一方面的能力占优势，从而使各人的能力在类型上表现出差异，如有人是以认知能力占优势的认知型，有人是以操作能力占优势的操作型，有人是以社交能力占优势的社交型。能力的类型差异主要是表现在特殊能力的类型差异上，如有人音乐能力强，有人运动能力好，有人管理能力高等。

（二）能力水平差异

不同的人在相同的能力上的发展水平不相同，表现出能力发展的水平差异。研究表明，人们在能力的发展水平上呈常态分布状态。能力发展极好的人和能力发展极差人只是少数，绝大多数人的能力处于中等水平。

（三）能力表现时间差异

各人的能力发展进程不完全一样，有的人能力发展较早，表现出少年早慧。如我国古代大诗人李白，“五岁诵六甲，七岁观百家”；奥地利古典音乐家莫扎特 5 岁作曲，8 岁作交响乐，11 岁创作歌剧；中国科技大学曾出现过 11 岁的大学生、15 岁的硕士研究生、19 岁的大学助教、22 岁的博士。

有的人能力发展较晚，表现出大器晚成。如生物进化论的创立者达尔文年轻时被认为智力低下，但他在 50 岁时却写出了著名的《物种起源》；相对论的创立者爱因斯坦 4 岁时才能说话，但后来却提出了著名的相对论。

四、智力测验与智商

能力测量是对能力的定量研究，包括一般能力测量与特殊能力测量。智力测验是关于人一般能力的测量工具，是应用最为广泛的能力测验。著名的智力测验有比内智力测验、韦克斯勒智力测验、瑞文推理测验等。

智力测验的成绩是以智商（简称 IQ）表示的。智商是表示智力高低的一种数量指标。它包括比率智商和离差智商两种。

比率智商等于智力年龄除以实际年龄，再将商数乘以100。用公式表示为：

$$智商=\frac{智力年龄}{实际年龄}\times 100$$

智力年龄是通过智力测验得到的。例如，如果一个儿童通过了智力测验中 6 岁组的全部测题，而 7 岁和 8 岁组的测题都没有做对，那么，他的智力年龄就是 6 岁。假设这名儿童的实际年龄是 5 岁，他的智商就是 120。

离差智商是个体的测验成绩与同年龄组的正常人智力测验的平均成绩之比。它反映了个人在同年龄组人群中的相对地位。现在一般都用离差智商来表示一个人的智力高低。

智商的大小说明了人的智力发展水平的高低。二者间的关系见表 9-1。

表 9-1　智力发展等级表

智　商	智力发展水平	占总人数的百分比
130 以上	极超常	2.2
120～129	超　常	6.7

续表

智　商	智力发展水平	占总人数的百分比
110～119	中　上	16.1
90～109	中　等	50.0
80～89	中　下	16.1
70～79	边　界	6.7
69 以下	智障者	2.2

第二节　气　质

一、气质的概念

气质是不以活动目的和内容为转移的稳定的个性心理动力特征。我们日常生活中所说的“禀性”“脾气”等就是指的一个人的气质。

气质是心理活动的动力特征。它主要表现在心理活动发生的速度、强度和指向性上。心理活动发生的速度常常指知觉的速度、思维的敏捷程度、情绪发生的快慢等。心理活动的强度常常指情绪的强度、意志努力的程度等。心理活动的指向性指心理活动是指向于外部世界还是指向于自己的内心世界。

一个人的气质受先天和后天多种因素的影响，但由遗传决定的神经系统机能特点及内分泌系统的某些因素，是造成个人气质的主要原因。

气质具有极高的稳定性。作为动力特征的气质特点以同样的方式表现在各种活动中，不以活动的目的和内容的变化而变化，并且人的气质特点一般也不易随着时间的推移而改变。这并不是说人的气质特点是丝毫不能改变的，而是强调改变起来很困难，即使有改变也是缓慢的。

二、气质类型

人们很早就认识到人具有气质类型的差异。古希腊的希波克拉底（Hippocrates）是最早进行气质探索的人，他根据人体内所谓的四种液体（黄胆汁、血液、粘液、黑胆汁）将气质分为胆汁质、多血质、粘液质和抑郁质四种基本类型。

现代科学表明，人的气质类型不是由体液决定的，而主要是由人的高级神经活动类型决定的。巴甫洛夫根据人的高级神经活动过程的特点将人的神经活动分为四种基本的神经类型：兴奋型、活泼型、安静型和抑制型。四种类型的神经过程特点见表 9-2。

表 9-2　四种高级活动类型的特点

神经类型	强度	均衡性	灵活性
兴奋型	强	不均衡	
活泼型	强	均　衡	灵　活
安静型	强	均　衡	不灵活
抑制型	弱		

与四种典型的高级神经活动类型相对应，典型的气质类型也有四种。四种气质类型仍沿用古希腊希波克拉底的命名方法。与兴奋型、活泼型、安静型和抑制型四种高级神经活动类型相联系的气质类型分别是胆汁质、多血质、粘液质和抑郁质。

胆汁质的人兴奋性很高，性情直率，精力旺盛，能以很高的热情从事工作。但情绪不稳定，脾气暴躁，易冲动。

多血质的人热情，适应性强，喜欢交际，心情愉快，机智灵活。但注意易转移，情绪易改变。办事重兴趣，不愿做深入细致的工作。

粘液质的人平静，善于克制忍让，生活有规律。不为无关的事情分心，埋头苦干，有耐心。态度持重，不爱空谈，严肃认真。但缺乏灵活性，注意不易转移，因循守旧，对事业缺乏热情。

抑郁质的人沉静、含蓄，体验深刻，办事稳妥可靠，有忍耐力，能克服困难。但比较敏感，易受挫折，反应缓慢，性情孤僻。

人的四种气质类型无好坏之分，不同的气质类型只影响人的活动方式，但不能决定一个人行动的社会价值和成就的高低。每一种气质类型既有积极方面，又有消极方面。在学习和工作中，应注意分析各人的气质类型特点，充分利用其积极方面，克服其消极方面的不良影响。例如，对于胆汁质的学生，要着重培养其自制力，克服易冲动的弱点；对多血质的学生要着重培养他们的毅力，养成专一、扎实的习惯，克服其见异思迁的毛病；对于粘液质的学生，要帮助他们克服松散、疲沓的不好习惯；对于抑郁质的学生，要鼓励他们多参加集体活动，开阔心胸，克服脆弱、狭隘的毛病。

第三节　性　格

一、性格的概念

性格是指个人对现实的稳定态度和习惯化了的行为方式。性格是人在社会实践活动中、在与客观环境相互作用的过程中形成和发展的。当客观事物作用于个体时，人往往会对它抱有一定的态度,并作出与这种态度相符合的行为反应。这种态度和相应的行为反应在相似的情景中不断出现，并在人的认识、情感和意志活动中巩固和保存下来，便构成了一个人的稳定的态度和习惯化了的行为方式。表现在这种稳定的态度和习惯化了的行为方式中的心理特征就是一个人的性格特征。性格就是由多种性格特征所组成的统一整体，它是具有核心意义的个性心理特点，包括了人心理活动的各个侧面，代表了一个人最明显和最主要的心理特点，表现了一个人的价值观，具有直接的社会意义。性格是除能力以外影响人的活动效率和成就的重要心理因素。

性格是贯穿在一个人整个行为中具有稳定倾向的、经常表现出来的心理特征。性格一经形成就比较稳定，但在某些条件下，如脑损伤、教育、重大生活变动等，性格也是可以变化的，也就是说，性格具有可塑性。

性格与气质同属个性心理特征，二者既相互联系又存在着区别。性格与气质的联系主要表现在三方面。第一，气质影响性格的形成和发展，各种气质类型都有易于形成和发展的性格特征。第二，气质影响性格的表现，使人的性格总是染有一定气质类型的色彩。第三，性格可在一定程度上掩盖和改造人的气质，使其服从于生活实践的要求。性格与气质的区别主要有三方面。首先，气质更多受先天遗传因素的影响；而性格主要是在神经类型的基础上，更多由后天环境塑造而成的。其次，两相比较，气质表现在先，变化更缓慢。再次，气质类型无好坏之分，但人的性格特征则有好坏之分，具有直接的社会意义。

二、性格的结构

性格是十分复杂的心理现象，它主要由四方面的特征结构而成。

（一）性格的态度特征

这是指对现实的态度特征,它是性格最重要的组成部分,集中表现在处理各种社会关系方面。

一个人是公而忘私还是自私自利，是正直诚实还是虚伪狡诈，这是表现在对社会、集体和他人方面的态度特征；一个人是勤劳还是懒惰，是认真还是敷衍，是耐心细致还是粗心大意，是富于创造还是墨守成规，这是对待劳动、工作和学习的态度特征；一个人是克己律己还是任性放纵，是自信自尊自强还是自卑自负虚荣，这是对待自己的态度；一个人是节俭爱惜还是奢侈浪费，这是对待财物的态度。

各种态度间是相互联系的，例如对别人的态度可以影响人对自己的态度,对集体的态度可以影响个体对劳动的态度,对劳动的态度可以影响个体对财物的态度。在性格的各种态度特征中，对社会集体的态度具有重要意义，它在一定程度上决定着个体对其他事物的态度。

（二）性格的意志特征

这是表现在对自己行为自觉调节方式和水平方面的性格特征。

性格的意志特征主要包括：表现在行动目的性方面的意志特征，如自觉性和盲目性、独立性和　赖性、沉着冷静或鲁莽冲动；表现在对行为自觉控制方面的意志待征，如自制或任性、主动或被动；表现在行动坚持性方面的意志特征，如持之以恒或见异思迁、坚韧不拔或半途而废；表现在紧急或困难情况下的意志特征，如沉着镇定或惊慌失措、勇敢或怯懦、当机立断或优柔寡断。

（三）性格的认知特征

这是指人们在感知、记忆、想象和思维等认识过程中所表现出来的性格特征。

一个人在感知方面是被动感知型还是主动感知型，是罗列型还是概括型；在记忆方面是形象记忆型还是逻辑记忆型，信息保持的时间是长还是短；在思维方面是幻想型还是现实型，是分析型还是综合型，是创造型还是模仿型……这些都是性格的认知特征。

（四）性格的情绪特征

性格的情绪特征是在情绪活动的强度、稳定性、持续性和主导心境等方面表现出来的性格特征。例如，有人情绪反应强烈、持续时间长，而有人情绪时而激动时而平静，波动性大；有的人主导心境是愉快的，而有的人主导心境是抑郁的。这些都是性格的情绪特征。

一个人的性格并不是各种性格特征的机械拼凑和简单堆积。性格的各种特征是密切联系相互制约的。在性格的各种特征中，性格的态度特征和性格的意志特征占着主导地位。因为它们是与个体的生活目的、理想信念和价值观紧密联系着的，突出反映了一个人的本质。在人的各种活动中，各种性格特征会以不同的结合方式表现出来，呈现出性格的不同侧面。这说明人的性格既是一个有机的统一体，又是复杂的、丰富的，是一种动态的结构。

三、性格类型

性格类型是指在某一类人身上所共同具有的或相似的性格特征的独特结合。根据不同的标准可以将性格分成不同的类型，较为常见的划分方法有以下几种：

（一）以主导心理活动为标准

根据个体以认知、情绪和意志中的哪一种心理活动占优势，将性格分为理智型、情绪型和意志型三种。理智型的人通常以理智来评价周围发生的一切，并且以理智来支配和控制自己的行动。情绪型的人的行为易受情绪左右，情绪体验深刻。意志型的人行动目标明确，主动积极，自制力强。除这三种典型的性格类型以外，还有一些中间型的性格类型。

（二）以心理活动的倾向性为标准

根据心理活动是倾向于外部还是内部，把性格分为外倾型和内倾型两种。外倾型的人心理活动倾向于外部，开朗，活泼，情感外露，不拘小节，独立性强，善于交际。内倾型的人心理活动倾向于内部，恬静谨慎，深思熟虑，反应缓慢，交际面窄而孤僻。

（三）以倾向性、情绪稳定性和社会适应性为标准

根据人的心理活动的倾向性、情绪稳定性和社会适应性将人的性格分为 A、B、C、D、E 五种。A 型性格的人倾向性均衡，情绪稳定，社会适应性一般；B 型性格心理活动外倾，情绪不稳定，社会适应性差；C 型性格心理活动内倾，情绪稳

定，社会适应性良好；D 型性格外倾，情绪稳定，社会适应性良好；E 型性格心理活动内倾，情绪不稳定，社会适应性差。

（四）影响性格发展的因素

人出生时并不具有某种性格。人的性格发展是以遗传为自然前提、在个人的生活实践中通过与环境的积极作用而形成和发展起来的。性格的形成和发展反映了一个人的生活历程。影响性格形成和发展的因素是多方面的，其中主要有生物学因素、家庭因素、学校教育因素和社会文化因素等。

（一）生物学因素

人的性格的形成和发展虽不是由生物学因素决定的，但生物学因素是性格形成和发展的自然条件，它影响性格的形成和发展。在性格的形成和发展中，人的高级神经活动类型的特点是重要的影响因素。此外，人的身高、体重、外貌和成熟早晚等解剖生理特点也会影响性格的形成和发展。

（二）家庭因素

家庭是人生的第一个社会环境，家庭中的各种因素，如家庭结构、家庭经济状况、家长职业、家庭气氛、儿童在家庭中的地位、父母性格等多种因素都会对人的性格的形成和发展产生重要影响。

在家庭各方面的因素中，父母的教养态度对儿童性格的形成具有特别深刻的影响。塞门斯把父母的养育态度用两个独立的轴来表示，即“保护—拒绝”和“支配—服从”，由此形成了四种类型的养育态度，见图 9-1。

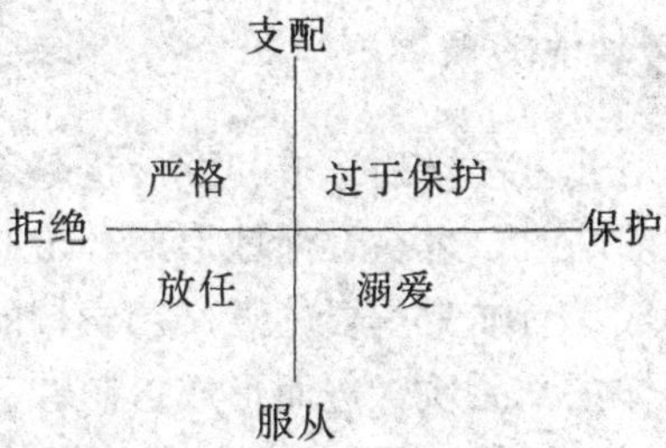

图 9-1　双亲养育态度类型

从“保护—拒绝”来看，那些受父母保护的儿童比那些受父母拒绝的儿童更易形成具有情绪稳定、行为较符合社会要求等性格特点。从“支配—服从”来看，那些受父母支配的儿童比那些父母服从其心愿的儿童更易形成具有正直、自我意识强、腼腆等性格特征。

日本心理学家诧摩武俊也对母亲的养育态度与儿童性格形成的关系进行了研究，其研究结果体现在表 9-3 中。

表 9-3　母亲养育态度对儿童性格的影响

母亲态度	儿童性格
支配	服从　无主动性　消极　依赖　温和
管教过甚	幼稚　依赖　神经质　被动　胆怯
保护	缺乏社会性　深思　亲切　情绪安定
溺爱	任性　反抗　幼稚　神经质
顺应	无责任心　不服从　攻击　粗暴
忽视	冷酷　攻击　情绪不安　创造力强　社会性的
拒绝	神经质　反社会性的　粗暴　冷淡　企图引人注意
残酷	执拗　冷酷　神经质　逃避　独立
民主	独立　爽直　协作　亲切　善社交
专制	依赖　反抗　情绪不安　自我于中心　大胆

（三）学校教育因素

学校教育对儿童性格的形成和发展也起着重要作用。儿童在掌握知识的同时，也在逐渐地形成一定的世界观。这对儿童性格的形成具有非常重要的意义。学校的集体生活可以培养儿童的集体主义品质，进而形成自制性、责任感、勇敢和善交际等良好的性格特征，并在集体生活中逐步克服孤独、自私、任性等不良性格特征。校风、班风和教师的言行等都会对儿童性格的形成产生潜移默化的作用。

（四）社会文化因素

儿童总是生活在某种社会文化中，特定的社会文化会对儿童的性格形成和发展产生深刻的影响。不同的民族、不同的文化习俗、不同的历史阶段、不同的时代风尚、不同的社会生活条件、不同的自然环境等，都会在人的性格上打下烙印，从而形成不同时代和不同民族的典型性格。

第四节　儿童少年个性心理特征及发展

一、气质特征的早期显露

1 岁以内的婴儿虽然谈不上个性显现，但由于先天遗传的影响，特别是神经类型的差别，其行为有很大不同。凯杰（Kagen）曾对 100 个左右的婴儿进行观察，发现 40%的可称为“易于”护理的孩子，他们的饮食及睡眠很规则，很容易适应新的变化。15%的称为“反应慢”的孩子。10%的称为

“难以对付”的孩子，这类孩子饮食和睡眠相当不规则，不易适应新环境，易于表现出不寻常的紧张，如大哭大叫，烦躁到脸变颜色等。另有35%的孩子属特点不明显的混合型。这说明，气质的特点在婴儿期就有所表现。

到学龄前期，儿童的气质差别已有十分明显的不同，一些孩子活泼好动、情绪丰富、多言多语；有的孩子则安静斯文、情绪变化少、少言寡语。

学龄儿童身上，已表现出不以活动的内容、目的为转移的稳定的动力特征，儿童在自己特有的气质基础上，在教育的影响下，逐渐培养能力、养成性格。

二、学龄期儿童能力的全面发展

进入小学读书，参加正规学习，是儿童心理生活中的重大事件。小学规范的分科教学，使儿童的语言、计算、音乐、美术、体育等各方面的认知能力都得到系统的培养和提高。在认识客观世界的同时，按照家庭、学校提供的社会标准，儿童也在学习控制自己的情绪、表现自己意志的能力、进行人际交往的能力以及处理社会关系的能力。

一般来说，由于家长的关注与传统的社会导向，儿童的认知能力发展往往优于其他各项能力的发展，这也是符合能力发展规律的，但过分重视智力因素而忽视非智力因素，则是传统教育的弊端，素质教育的口号就是针对这一问题而提出的。各级教育工作者都必须清醒地认识到，小学儿童能力的全面发展是造就社会各类人才的起码基础，决不能仅为发展智力而牺牲其他！现代化社会对人的非智力因素提出了越来越高的要求，绝不能对此掉以轻心。

三、少年期的个性困惑

小学儿童在发展能力的同时，由于自我意识的增长及道德意识的产生，也在逐渐形成对人、对己、对事、对物的一些比较稳定的态度及部分习惯的行为，已有性格的骨架和轮廓。我们可以看到，小学高年级儿童已能熟练地应付学校生活中碰到的种种问题，对社会的认识也加深了。由于精神需要大大增高，特别是逻辑思维有了显著发展，儿童已能掌握复杂的概念系统，理解事物的内在规律，情感丰富，意志发展，敢于探索，甚至冒险。

小学毕业班的 12 岁少年，迎来了生理发展的第二次高峰，身体迅速地长高长大，使他们自己都觉得自己不再是“小孩子”了。由于性腺的发育，少男手足变大、肌肉发达、声音变粗；少女则乳房发育、皮下脂肪增多、骨盆变宽。这些第二性征的出现，使少年的心理开始发生微妙变化。他们开始关注两性差别，关注自己和别人的内心世界，并强烈地希望了解自己。

从 12 岁～15 岁，是儿童向青年过渡的少年期，充满着生理、心理的种种不安与矛盾，少年好像是突然发现了自我，发现了集中在自己身上的种种问题：勤奋与懒惰、大胆与怯懦、开朗与忧愁……少年对现实的自我不满：不满意自己的能力、长相、家庭，甚至不满意自己的名字……少年把杰出人物、文体明星等当作理想中的自我来追求，不时憧憬着心中的偶像，变得心潮澎湃，想入非非，又因不得不承认现实中的自我而变得抑郁、烦恼、多思、孤独。这个时期的少男、少女经历着角色混乱的痛苦，即使对最亲近的人也不愿吐露真情。为此，他们常常用固执、粗暴或冷漠的偏激方式来表示反抗，性格发展中也充满这种抗争成分，不断出现激烈的态度及行为。

这个时期对少年来说是个性发展的困惑时期，表现为逃学、离家出走等行为的高发危险期，倘若教育失措，少年很容易沾染社会恶习，养成不良个性，甚至走上犯罪道路。因此，家长、教师及社会，对此都应有警惕，要正确对待少年出现的各种行为，并有计划性地认真教育。

另一方面，也应该看到，少年期自我观念的分裂，虽然是自我发展的危机，但更是自我深化的契机。东西方不少学者的研究表明，由少年期自我观念的分裂至青年中、晚期自我观念的重新同一，是具有独立性、创造性个性发展的必由之路，它将导致身、心的成熟与稳定，这种完善的个性更有社会的适应性及开拓功力。

少年期的个性特征，特别是能力、性格的可塑性都很大，在正确教育的指引下，少年大都能充分发展自我意识，分析自我，认识自我，评判自我，接纳自我，调整自己的需要，规范自己的动机，在符合社会规律的理想引导下，加强修养，不断完善自我。

[练习]

一、解释

能力　智力　智商　气质　性格

二、填空

1．特殊能力是__________。

2．中等智力水平的智商是__________左右。

3．四种典型的气质类型是________、__________、__________和__________。

4．__________是个性中最具核心意义的心理特征。

5. 性格的结构包括＿＿＿＿＿＿、＿＿＿＿＿＿、＿＿＿＿＿＿和＿＿＿＿＿＿。

三、判断

1. 智商为100的人是十分聪明的人。

2. 人的气质类型没有好坏之分。

3. 人的性格没有好坏之分。

4. 性格能在一定程度上掩盖人的气质特点。

5. 人一出生就具有性格的差异。

四、应用题

1. 分析你的气质类型特点，并说明它对你所从事的运动项目有什么积极作用和消极影响？

2. 如何培养儿童良好的性格？

[阅读材料]

内向——外向性格测验

指导语

心理学家往往把人的性格分成两种：外向性格和内向性格。外向性格的人喜欢把自己的感情表露出来，把自己的喜怒哀乐告诉别人；内向性格的人不喜欢把自己的悲欢告诉别人，他们宁愿独自忍受或享受。外向性格的人喜欢活动，而内向性格的人喜欢思索。

自然科学家有很多是内向性格的人，社会活动家往往是外向性格的人，而企业家往往是两种性格兼而有之的。因此，我们不能断言内向性格和外向性格哪个比哪个优越，而只能说它们各有利弊，只要肯努力，都同样能够做出成就。

因此，你在回答下列各题时不要有任何顾虑。看完一题之后，立即将分数写在题头上，不要有过长的时间间隔。如果你认为很符合自己情况的，计2分，比较符合的，计1分，介于二者之间的计0分，不怎么符合的计—1分，完全不符合或正好相反的计—2分。

测验题

1. 每当长辈或不熟悉的人跟我讲话时，我总感到害羞脸红。

2. 遇到高兴的事，我总很爱笑。

3. 我讲话很少，就是跟自己的亲属也是这样。

4. 我心里藏不住话，有时想忍着不说，可是最后还是讲了出来。

5. 我不喜欢别人进自己的房间，更不喜欢别人借我的东西。

6. 走路、穿衣、说话，我不喜欢磨磨蹭蹭的。

7. 我睡觉时，对手表、眼镜等东西总会仔细放好，衣服脱去后也叠放得整整齐齐。

8. 我认为和异性交往并没有什么了不起。

9. 在大庭广众面前，我总觉得很窘迫不安。

10. 只要我能回答，老师指定我发言我总是很乐意的。

11. 争论两句倒没有什么，再争两句就显得多余了。

12. 我交的朋友很广泛，各种各样的。

13. 我写信喜欢反复推敲，措词谨慎，连标点符号的错误都不放过。

14. 不管谁和我讲话，我都坦荡自如。

15. 我笑得不好，不敢放声大笑。

16. 我尽量注意不伤别人的感情。

17. 我善于用书面方式表达自己的思维感情，而不善于口头表达。

18. 别人向我借东西，我总是乐于帮助。

19. 做事情有条不紊，用不着慌慌张张的。

20. 我经常丢些小东西，不过丢过就算了。

21. 我觉得和异性交往很困难，所以我尽量避免。

22. 今日事情今日做，能做的事情马上做，用不着左思右想的。

23. 家里有许多事情都值得我认真考虑，尽管想也没有什么用，但我还是愿意想一想。

24. 别人说三道四，我并不太介意。

25. 吃什么，穿什么，一切都要想周到，为什么这样做，我自有道理。

26. 只要是我信服的人，我愿意听从调遣。

27. 别人给我一些微小的赞词，都能激励我进步。

28. 我盼望生活有变动，不要死水一潭。

29. 别人平白无故地关心我，我总要考虑考虑是不是有其他动机。

30. 我喜欢体育活动，也喜欢观看一些诸如足球、篮球一类的比赛。

31. 我宁愿自己拼命去解决问题，而不愿求助于别人。

32. 我宁愿把问题挑明，而不愿一个人受闷气。

33. 我喜欢做个体就能完成的工作，不喜欢大家一齐闹闹哄哄地干一件事。

34. 苦点累点没啥，一切都会好起来的。

35. 我更喜欢安静和闲适。

36. 我对人一般都很信任。

37. 工作或学习时，我不愿有人在旁观看。

38. 大庭广众下工作显得更富生气。

39. 集体活动最好少一点，只要有可能，我宁愿在家而不参加。

40. 我不常分析自己的思想和动机。

41. 出门时下决心多花点钱让自己舒服一点，可是结果仍旧节省了下来。

42. 我认为人的本性应自然流露出来，不必拘于小节。

43. 我经常好写日记或记一些仅供自己看的东西。

44. 我好读书而不求甚解。

45. 我常常回想自己的过去。

46. 我喜欢常常变换工作。

47. 在群众场合里我尽量别引人注目。

48. 喜欢别出心裁地做一些别人未做或不愿做的事。

49. 我每每总要遇到一些事，让人郁郁不快而生闷气。

50. 不怕失败，失败了再来。

简评

先将在问卷中所得分数填入下表。

性向测验得分统计表

题号	1	3	5	7	9	11	13	15	17	19	21	23	25	单号题合计分
得分														
题号	27	29	31	33	35	37	39	41	43	45	47	49		
得分														
题号	2	4	6	8	10	12	14	16	18	20	22	24	26	双号题合计分
得分														
题号	28	30	32	34	36	38	40	42	44	46	48	50		
得分														

将单号题的总分加起来，再将双号题的总分加起来，便

可得知你的性向了。

单号题得分比双号题得分超过10分的人，属典型内倾型性格；双号题得分比单号题得分超过10分的人，属典型外倾型性格；两者得分悬殊小于10者属平衡型性格。

邱章乐 《心理测量法》 第1版 福建科学技术出版社 1988年

超常儿童的特点

所谓超常儿童是指智力发展大大超过同年龄水平的儿童。我国古代的“神童”，外国的“天才儿童”，都是指智力水平高的超常儿童。在西方有人把智商130作为超常儿童的最低标准，也有用140作为最低标准的。

我国心理学工作者对超常儿童调查考察和追踪研究三年，发现超常儿童表现为多种类型：有的幼年大量识字，3至4岁已掌握汉字2000多个，自己能津津有味地阅读儿童读物；有的5岁开始学写字和作文，文章通顺生动；有的数学才华早露；有的数学自学能力快速发展；有的长于外语；有的是小画家、小歌手；还有的既具有非凡的心算能力、数学才能出众，又擅长绘画、书法，在抽象逻辑思维和形象思维方面都表现出优异的发展。

他们还发现了超常儿童的共同特点：

①浓厚的认知兴趣，旺盛的求知欲。

超常儿童很早表现出好奇、好问、爱追根究底。很小就有学习知识的浓厚兴趣。

②思维敏捷，理解力强，有独创性。

超常儿童的类比推理和创造性思维实验的成绩，都不同程度地超过了比他们大2到5岁儿童的平均成绩。

③敏锐的感知觉，良好的观察力。

超常儿童的视、听觉辨别能力发展突出，主要反映在对汉字的形、音细微差别的区别上。他们的空间知觉明显优于同年龄常态幼儿。3至4岁不仅能正确分辨上下、前后，而且还能正确分辨左右方位；在观察力实验中，成绩优于比他们大2至3岁的儿童，反映速度和方式比他们好。

④注意集中，记忆力强。

超常儿童注意既广，又能高度集中，特别是对他们感兴趣的事物，更是专心致志，往往集中注意可达两三小时。记忆的广度和速度，都在同年龄常态儿童的平均值之上，有的还超过比他们大3至4岁的同班同学，记忆快而且时间长。

⑤进取性强，勤奋，有坚持性。

他们一般进取性都比较强，积极上进有毅力。有一种不达目的决不罢休的精神，为达到目的，坚持勤奋学习。

美国旧金山的公立学校拟了一张行为标准表，作为教师推荐超常儿童的标准，可供参考。

①是一个好学不倦的人。

②科学、艺术或文学方面受过奖赏。

③对于科学或文学有浓厚的兴趣。

④能非常机敏地回答问题。

⑤数学成绩突出。

⑥有广泛的兴趣。

⑦是一个情绪非常稳定的人。

⑧大胆、急于做新的事情。

⑨能控制局面或左右同年龄的人。

⑩很会经营企业。

⑪喜欢自己一个人工作。

⑫对别人的感情是敏感的，或者对周围情境是敏感的。
⑬对自己有信心。
⑭能控制自己。
⑮善于观赏艺术表现。
⑯用创造性的方法。
⑰创造性思维，善于洞察事物之间的联系。
⑱面部与姿态富于表情。
⑲急躁——易于发怒或急于完成一件工作。
⑳渴望胜过别人的愿望，甚至达到作弊的程度。
㉑丰富多彩的语言。
㉒能讲富有想象力的故事。
㉓别人谈话时经常插嘴。
㉔坦率地说出对成人的看法。
㉕具有成熟的幽默感（双关语、联想等）。
㉖好奇好问。
㉗仔细地观察事物。
㉘急于把发现的东西告诉别人。
㉙能在显然不相关的观念中找出关系。
㉚遇到新发现，出声地表示兴奋。
㉛有忘记时间的倾向。

叶奕乾等《心理学问题解答》第一版　华东师范大学出版社　1985年

离　差　智　商

离差智商计算公式为：

$$智商 = 100 + 15Z$$

所谓离差智商，是指一个人的智力偏离本年龄组平均水

平的方向和程度。Z为统计算学上的标准分数。计算公式为

$$Z = \frac{x - \bar{x}}{S}$$

x为个体测验分数，$\bar{x}$为团体平均数，S为团体分数的标准差。

梁承谋《普通心理学原理》　第一版　中国三峡出版社　1996年

第十章 运动心理

[本章重点]

1. 运动知识学习的途径是什么?
2. 心理训练必须遵循哪些基本原则?
3. 有哪些常见的心理训练方法?

第一节 运动学习

运动心理学是研究体育运动中人的心理活动特点及其活动规律的科学。它既是心理学的应用分支,又是现代运动科学的重要组成部分。运动心理学研究的内容十分广泛,主要包括运动学习、心理训练和竞赛心理等内容。

运动学习包括运动知识学习和运动技能学习。运动学习是一种特殊的学习活动,这主要表现在三方面。第一,活动的本体性。运动学习的客体主要是个体自身,学习的过程和结果都主要是通过有机体自身体现出来的。与运动学习相联系的心理活动也具有本体性的特点。第二,心理的适应性。运动学习内容复杂多变,一种运动总是包括多个环节、多种姿势，场地、器材、对手等也都处在运动变化之中。个体在学习中，必须使心理活动也适应这些变化。第三，身心的激活性。运动学习通常是一种大负荷的活动，这种大负荷的活动要求个体的心理活动应处于一种适度的激活状态。

一、运动知识学习

运动知识学习作为人类的一种学习活动，同其他任何学习活动一样，具有相似的心理特点和规律。例如，运动知识的学习也要经过知识的感知与理解、知识的巩固和知识的应用等知识掌握的基本阶段。同时，运动知识的学习又是一种特殊的学习活动，具有自己的特点。它总是与某种身体练习相联系，旨在发展某种运动技能和运动能力，是通过运动表象的形成和动作概念的掌握这两条途径实现的。

（一）运动表象的形成

运动表象是动作形象在头脑中的再现，它反映了动作在时间、空间、力量等方面的外部特征。学生是按照已形成的运动表象调控自己的动作的，没有清晰精确的运动表象就不可能正确掌握运动动作。因此，形成运动表象是运动学习的重要内容和任务。

运动表象包含着许多表象成分，是一种复合表象。这些表象要素主要有视觉表象、动觉表象、听觉表象、触觉表象、味觉表象、嗅觉表象等。其中，视觉表象和动觉表象是运动表象的主要成分，它们对运动表象的形成起着重要作用。

运动表象的形成是一个逐步建立和巩固的过程。一般可分为两个阶段。第一阶段是运动表象初步建立阶段。在该阶段通过观察示范动作建立起轮廓性的视觉表象，并能进行模仿练习，此时动觉表象朦胧、含糊，整个运动表象的随意性、稳定性和清晰性较差。第二阶段是运动表象的明确阶段。在这一阶段运动表象的视觉成分减弱，动觉成分增多，对动作的控制能力增强，运动表象的随意性、稳定性和清晰性提高。

运动表象的形成较一般事物的表象的形成更为困难。这主要是因为一般事物的表象以视觉表象为主，而运动表象的形成以动觉表象为主；前者较为鲜明，易控制，后者较为模糊，不易控制；一般事物的空间特性变化小，其表象较稳定，误差小；而动作的空间特性变化大，其表象不稳定，误差大。

为了促进运动表象的形成，提高运动表象的清晰性、稳定性和可控性，可采取以下措施：

1. 选择恰当的方法进行动作示范

教师在示范动作时应注意突出重点、目标明确。教师可以将整个动作分解为局部动作进行示范，也可以采用不同速度、力量进行示范，还可采用录像等其他手段进行示范，以帮助学生获得鲜明、清晰的运动表象。

2. 缓慢地做动作

学生在进行模仿性练习时，应尽量放慢动作的速度，以获得正确清晰的动觉表象。

3. 采用不同重量的器械进行练习

采用不同重量的器械练习，学生能体验到完成同一动作时，同一肌肉群的不同紧张程度，从而有助于增强学生动觉表象的清晰性。

4. 单独完成个别动作

单独完成个别动作，可以增强动觉表象的清晰性，巩固动觉表象。

5. 总结交流肌肉运动感觉，用言语巩固动作要点动觉表象常常模糊不清，似是而非。用言语来交流肌肉运动时的感觉，可以澄清错误的动觉表象，增强正确动觉表象的清晰性。

6. 注意完成动作时的相应情绪体验

学生在做动作时，激发与动作特点相适应的情绪体验，可以提高运动表象的清晰性，使其更加鲜明、生动。

（二）动作概念的掌握

动作概念是完成动作时应遵循的基本规律。动作概念不同于一般的思维形式，具有其自身的特点。一般概念的形成通常都是借助词来完成的，而动作概念的形成离不开具体的动作及相应的运动表象，因此，动作概念的掌握较一般概念更为困难。为了使学生更好地掌握动作概念，可采用以下措施：

1. 丰富学生的感性认识

动作概念的学习应与学生实际的身体练习结合起来。在学生初步获得动作的运动表象的基础上来学习动作概念，有助于动作概念的掌握。

2. 给出简练准确的定义

动作概念的定义应突出动作的本质特点，言简意赅。例如，“走”与“跑”两个概念就可以通过下定义来加以区别。“走”是由单支撑到双支撑，再到单支撑；而“跑”是由单支撑到腾空，再到单支撑。

3. 借助适当的表情动作

适当的表情动作有助于突出动作的特点。如讲“太极拳”有关的概念时，应注意表情轻松；而讲“拳击”有关的概念时，应注意表情紧张。这样能更好地突出相应动作概念的特点，促进要领的掌握。

4. 利用学生原有的认知结构，进行概念的同化

学生掌握任何新的动作概念都是建立在原有的动作概念基础上的。借助原有的动作概念，有助于学生掌握新的动作概念。例如，可以利用“滚皮球”的概念来帮助学生掌握体操中的“滚翻”动作概念。

二、运动技能学习

（一）运动技能的概念

运动技能是人们在体育活动中运用一定的知识经验经过练习而获得的完成某种活动的动作方式。

运动技能不是简单的外显行为，它是受人的内部心理过程调控的，与各种心理活动相联系。运动技能发展的高级完善形式就是运动技巧。

（二）运动技能的种类

根据不同的标准可将运动技能分成不同的种类。常见的运动技能有以下几种：

1. 连续性运动技能与非连续性运动技能

连续性运动技能的动作没有可识别的起止，而是由一系列连续的动作组成。如果不是人为中止，这种动作可以持续不断地进行下去。如跑步、游泳等都属连续性运动技能。

非连续性运动技能一般持续时间较短，动作具有可识别的起止。动作的终止是由技能本身所决定的，而不是人为的。如跳远、推铅球等都属于非连续性运动技能。

非连续性运动技能较连续性运动技能所含的认知成分

多，对非连续性运动技能的运动长时记忆较连续性运动技能困难。

2. 封闭性运动技能与开放性运动技能

封闭性运动技能的环境条件相对稳定不变，而且是事先可进行预测的；运动员很少根据外界条件进行快速调整；运动员通常有足够的时间熟悉环境进行准备，然后完成动作。例如，击高尔夫球、射击、网球中的发球、跳高等运动技能都是封闭性运动技能。封闭性运动技能虽然较多地受控于运动员自己，但如在完成动作过程中运动员思虑过多，陷于消极的自我暗示也会影响到技能的表现。

开放性运动技能的环境条件是变化的，运动员需要根据环境的变化而做出快速、准确的反应。如网球中的接发球、击剑、拳击等都是开放性运动技能。运动员利用线索的能力是影响开放性运动技能表现的重要因素。

3. 小肌肉群运动技能与大肌肉群运动技能

小肌肉群运动技能是以手腕、手指活动为主的运动技能，如射击。

大肌肉群运动技能是指全身肌肉参与完成的运动技能。大多数运动技能都是大肌肉群运动技能。

（三）运动技能的形成

运动技能的形成是由低到高、由生疏到熟练的一个过程。这一过程包括相互联系的三个不同阶段。

1. 掌握局部动作阶段

这是运动技能学习的最初阶段。在此阶段学生主要是通过观察老师的示范动作初步形成关于运动技能的表象，并通过初步的动作模仿来认识动作的基本要求。在进行动作模仿时，学生主要靠视觉来调控动作，注意范围狭窄，只能将注意集中于个别动作上，因而做动作时常常顾此失彼，并伴随着多余动作。此时，学生的情绪兴奋、紧张，担心运动损伤，因此做动作时显得忙乱、呆板。在这一阶段，学生往往对学习新技能有浓厚的兴趣，总是跃跃欲试。因此应及时纠正错误的动作，以免形成不正确的动作定型。

2. 初步掌握完整动作阶段

学生通过观察示范动作与模仿练习，逐步形成了完整的运动技能表象，能将第一阶段掌握的局部动作结合成一个整体。但动作的结合还不紧密，从一个动作过渡到另一个动作是交替进行的，在转换中间常出现暂时的停顿。在这一阶段动觉对动作的控制作用增强，但仍以视觉反馈为主。此时还不能有效地分配注意于各个局部动作，通常是先注意一个动作，然后再转向注意另一个动作，因此做动作时常顾此失彼，动作不协调。

3. 动作的协调和完善阶段

这是运动技能形成的最后阶段。在这一阶段，各个局部动作结合成一个有机的整体并巩固下来。动觉的反馈作用加强，动作的完成主要受动觉控制。注意转向完成动作的目的与时机，而非动作本身。动作间的交替达到自动化和程序化。

（四）练习的进程

运动技能的形成不是一个自然成熟的过程，而是必须通过练习实现的。从掌握局部动作阶段到动作的协调完善阶段，运动技能的形成需要经过多次反复的练习。每次练习的效果可以用一条曲线表示出来，这条曲线就是练习曲线。典型的练习曲线是以练习次数或练习时间为横坐标、以正确率或工作量为纵坐标的曲线图，见图 10-1。

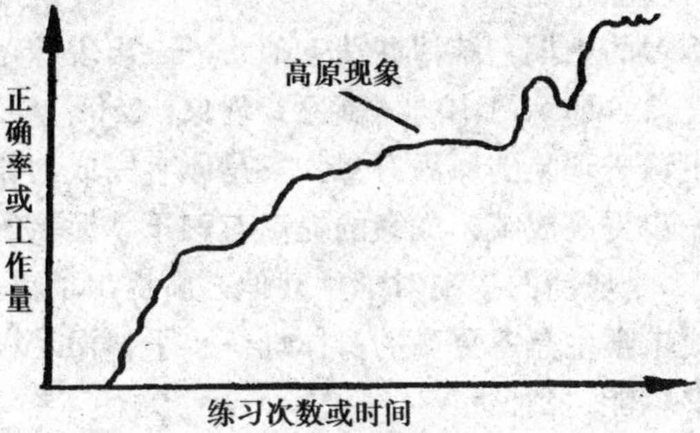

图 10-1　典型练习曲线

从练习曲线可以看出，练习进程具有一些共同的规律。

1. 成绩逐步提高，进步先快后慢

练习进程的总趋势是成绩逐步提高，技能掌握水平越来越高；在练习的初期，进步较快，以后逐步减慢。

产生这种现象的原因有三：一是练习之初，练习者有许多已掌握的技能经验可资利用，而后来可以利用的经验越来越少。二是练习之初，技能可被分解为局部动作来学习，相对简单易学；而到了后期，各个局部动作必须结合为一个整体，各动作间必须协调一致，学习的难度大大提高。三是练习之初，学生的学习兴趣和热情较高，而到后期，学生的学习兴趣和热情降低。

2. 起伏现象

练习曲线是波浪式上升的，这说明练习成绩在逐步提高的总趋势下会出现暂时下降的现象，即练习中的起伏现象。练习中的起伏现象的产生主要与学生练习时的身心状况有关，一般只是一种暂时的现象。

3. “高原”现象

在练习的中期，练习曲线近似水平，出现练习成绩暂时停顿的现象，即练习中的“高原”现象。

产生这一现象的原因有二：一是原有完成动作的方式已难于进一步提高成绩，成绩的提高有赖于掌握新的完成动作的方式。二是成绩的提高对学生其他方面提出了更高的要求。例如，要求学生具备更高的身体训练水平，而这种要求又非一朝一夕就能达到。

“高原”现象也是练习中的一种暂时现象。“高原”现象不同于“生理极限”。

在“高原”现象之后，练习曲线有一个明显的下降。这主要是因为在新旧动作方式更替之时，新的动作方式熟练水平还不高，而且还会受到旧的动作方式的干扰。

“高原”现象并不是在每一条练习曲线中都有的。在一些技能结构简单的练习曲线中，也可能不出现明显的“高原”现象。

（五）有效练习的条件

运动技能的形成必须通过练习实现，但并非所有的练习都能达到较好的效果。为了促进运动技能的形成，就要遵循练习的条件，进行高效率的练习。

1. 明确练习的目的与要求

练习是一种有目的、有计划、有组织的学习过程，它不同于单纯的重复。单纯地机械重复某一动作是不可能使动作方式得到改善的，而且可能导致不正确的动作方式被巩固下来。在练习过程中，学生一定要有练习的目标。这个目标会以将要掌握的运动技能的表象呈现出来。在练习过程中，学生不断地将自己的动作与这一目标表象相对照，就能调动人心理活动的积极性，有助于提高练习的效果。苏联阿普里斯卡娅用实验证明，运动员一面清晰地意识运动表象，一面进行练习，较一般练习能有效地提高练习成绩。

2. 动作示范与动作讲解相结合的指导方法

研究表明，在学生学习技能的过程中，老师在示范动作时加以讲解比不讲解的效果要好。动作示范与动作讲解相结合不仅能使学生掌握动作概念，而且有助于形成运动表象，因而能促进运动技能的形成。

3. 及时有效的反馈

反馈是向学习者提供他们努力学习某一技能时表现的信息。反馈是多种多样的，有言语的和非言语的反馈，有定量的和定性的反馈，有结果的和动作的反馈，有即时的和延时的反馈等。反馈影响运动技能的形成，即时的、动作的反馈能显著地提高运动技能的练习成绩。

4. 恰当采用整体练习法与部分练习法

整体练习法是指反复练习全部技能的方法。分解练习法是指将运动技能分解成若干部分，让学生一部分一部分地分别学习，最后再联合成整体的方法。在练习时是采用整体练习法还是采用分解练习法，应根据运动技能的特性而定：一般而言，运动技能的复杂程度高，而组织结构较低，宜采用分解练习法；运动技能的复杂程度低，而组织结构较高，则宜采用整体练习法。如奈弥尔（R. K. Niemeyer）的研究表明，排球采用分解练习法较好，而游泳采用整体练习法较好。另外，对年龄小、水平低的学生宜采用分解练习，而对年龄大、水平高的学生宜采用整体练习法。在运动技能形成初期，宜采用分解练习法；在运动技能初步掌握以后宜采用整体练习法。

5. 合理安排练习时间

在运动技能学习时，连续练习某一技能，直到掌握为止，中间没有休息或很少休息，叫集中练习法。将练习时间分成若干段，在各段中插入一定的休息时间，叫分散练习法。在练习时是采用集中练习法还是采用分散练习法，应考虑运动技能的种类、学生的条件及技能形成的阶段等因素。一般而言，对于连续性运动技能，采用分散练习法效果较好；对于非连续性运动技能，采用集中练习法较理想。

6. 心理练习与身体练习相结合

身体实际进行的活动称为身体练习，而在头脑中进行的动作演练称为心理练习。心理练习不受时间、地点、器械等限制，而且几乎不产生身体疲劳，但它对运动技能的掌握具有积极的意义。将心理练习与身体练习相结合则练习效果更佳。

（四）运动技能的迁移与干扰

1. 技能的迁移

已形成的技能对新技能的形成发生积极的影响，促使新技能的掌握，称技能的迁移，又叫正迁移。如学会单杠前上之后，就比较容易掌握双杠屈伸上的动作，这就是因为存在技能的迁移。

2. 技能的干扰

已形成的技能对新技能的形成发生消极影响，阻碍新技能的掌握，称为技能的干扰，又叫负迁移。如习惯用右脚起跳跳高的人，在学习用左脚起跳的撑竿跳高时往往存在干扰现象，这就是技能的干扰。

3. 影响技能迁移的主要因素

在运动技能的学习过程中，正迁移有利于技能的掌握，而负迁移不利于技能的掌握。因此，应了解影响技能迁移的条件，促进技能的正迁移，消除负迁移。影响技能迁移的因素主要有三方面。

第一、新旧技能间的共同因素。人在学习新技能时，总是依靠过去的经验和已掌握的技能，与新技能学习有关的经验和技能越多，正迁移越容易。但是，如果两种技能的共同因素较多，却存在某些共同刺激上要求作出相反或不一致的反应的情况，就会发生技能的干扰。

第二、对已有经验的概括水平。对新旧技能的活动方式作精确的分析，并概括出它们的本质特点和规律，有利于迁移。概括水平越高，迁移越容易。例如，如果对人体旋转的机械原理和人体旋转速度应超过器械旋转速度等原理有明确的认识，就能把这些原理应用到铅球和铁饼等投掷技能上去。

第三、认知结构的发展。运动技能虽是一种活动方式，但它受个体的认知的影响。运动技能的发展，离不开个体的认知结构的发展，已掌握的技能如果促进了认知结构的发展，必然会有利于新技能的学习。

第二节　心理训练

一、心理训练的概念

心理训练是有目的、有意识地采用一定的方法手段，对运动员的心理施加影响，以发展运动员的心理品质，调整运动员的心理状态的教育过程。心理训练又称为心理技能训练，它强调运动员心理品质的可塑性和运动员心理调控能力的可习得性。

心理训练有助于运动员心理品质的发展和保持心理稳定；有助于运动员掌握运动技能，形成运动技巧，增强自信心；有助于克服消极情绪状态，形成最佳竞技心理状态，充分发挥运动潜能；有助于运动员消除疲劳，恢复体力，调控心理能量。心理训练是现代运动训练体系的重要组成内容。心理训练不以运动员某些机能损害为代价，并可使运动员终身受益。

心理训练的实施既可贯穿于运动训练的全过程，又可在赛前有针对性地开展。据此，可将心理训练分为一般心理训练和准备具体比赛的心理训练。一般心理训练旨在培养运动员适合运动专项要求的良好个性特点，促进专项心理素质的不断完善。准备具体比赛的心理训练旨在激发运动员的比赛动机和信心，使运动员学会心理调控的技术与方法，更好地适应运动竞赛的要求。

二、心理训练的一般原则

（一）自觉积极性原则

心理训练的过程一般是运动员首先通过学习了解心理训练的原理和基本要求，然后通过练习掌握训练方法，最后达到行为的改变。心理训练的效果首先取决于运动员的自觉积极性。如果运动员认识不到心理因素对运动表现的影响，不相信心理训练的作用，对心理训练持怀疑、观望甚至否定的态度，而在别人的强迫命令下进行心理训练是不可能产生良好的心理训练效果的，有的甚至会产生相反的作用。心理训练只有转变为运动员的自觉行动，才能收到应有的效果。

（二）循序渐进、持之以恒的原则

运动员的心理素质的提高不可能一蹴而就，必须经过系统的心理训练才能提高。同时，任何一种心理调控技能，如放松技能、焦虑调控技能、目标设置技能等，也必须进行反复练习才能掌握，并在比赛的关键时刻发挥效力。

（三）与运动训练相结合的原则

不同的运动项目对运动员的心理品质要求不完全一样。心理训练只有与运动项目相结合才能有的放矢，满足不同运动项目的要求。同时，心理训练与运动项目相结合，渗透到运动训练之中，心理训练也会取得更好的效果。

（四）个别对待的原则

运动员在身体条件、技术水平、知识经验和心理素质等方面存在着个体差异。因此，在进行心理训练时，必须考虑到运动员的个人特点，因人而异。

三、心理训练的基本方法

（一）渐进放松训练

1. 放松训练的作用

放松训练是通过一定的方法与程序，通过肌肉的放松而达到心理平静、安宁，从而消除身心紧张的一种心理训练方法。放松训练的具体方法很多，如渐进放松训练、表象放松训练、生物反馈放松训练等。其中，渐进放松训练是一种常用的放松训练方法。

放松训练是消除运动员紧张应激的有效手段。同时，放松训练也有助于改善运动员的注意品质，增强感知觉的明晰性和敏感性，提高对肌肉的自我控制能力。放松训练是其他心理训练的基础。

2. 渐进放松训练的程序

渐进放松训练是由杰克布森（Jacobson）最先提出来的。它是基于身体与心理是相互联系的统一整体、心理紧张与身体放松不可共存的理论基础，通过依次紧张、放松某一肌群，达到全身放松，从而实现心理平静、安宁。渐进放松训练分16 组肌群训练、7 组肌群训练和 4 组肌群训练，三种肌肉群结合方式见表 10-1。一般先进行 16 组肌群训练，然后进行 7 组肌群训练和 4 组肌群训练。每周进行 3 次或 4 次训练，共进行 4～6 周训练。

进行渐进放松训练时，环境要安静。学生或运动员应尽可能舒适地坐或躺着，将注意集中到相应的肌肉群。当听到

“开始”口令后，做可使肌肉产生紧张的动作，保持5秒到7秒，并体会紧张感；当听到“放松”口令后，立即结束所做动作，并体会放松感，保持30秒到40秒。

表10-1　渐进放松训练三种肌肉群结合方式

16组肌肉群	7组肌肉群	4组肌肉群
(1) 优势手和前臂	优势手和臂	四肢
(2) 优势手肱二头肌和上臂	非优势手和臂	面部
(3) 非优势手和前臂	面部	颈部
(4) 非优势手肱二头肌和上臂	颈部	躯干
(5) 面上部	胸背肩和腹	
(6) 面中部	优势腿和脚	
(7) 面下部	非优势腿和脚	
(8) 颈部		
(9) 胸、背和肩部		
(10) 胃、腹部		
(11) 优势大腿		
(12) 优势小腿		
(13) 优势脚		
(14) 非优势大腿		
(15) 非优势小腿		
(16) 非优势脚		

开始进行16组肌肉群的放松训练时,每次约需30分钟。经过一段时间的训练后，就可进行7组肌肉群的训练和4组肌肉群的训练。这时，随着放松技能的掌握，可以省去肌肉紧张训练阶段，直接进入肌肉放松训练阶段，从而实现快速放松全身。

进行渐进放松训练时，可编写相应的指导语，在指导语的引导下进行训练。16 组肌肉群的放松训练可参考下面的指导语：

请大家尽可能舒适地坐（或躺）着，闭上眼睛，做 3 次深呼吸……下面把注意力集中到我所提到的部位，当听到“开始”时，请做相应的动作，并体会紧张感（保持 5～7 秒）；当听到“放松”时，立即结束所做动作，并体会放松感（保持 30～40 秒）。

（1）优势手和前臂：握成拳头；

（2）优势手肱二头肌和上臂：肘部向下挤、向后拉；

（3）非优势手和前臂：握成拳头；

（4）非优势手肱二头肌和上臂：肘部向下挤、向后拉；

（5）面上部：眉毛尽可能地提高、皱额头；

（6）面中部：鼻向上提、皱鼻；

（7）面下部：咬紧牙齿、嘴角向后拉；

（8）颈部：下巴向前伸、颈向后；

（9）胸、背和肩部：深深吸气、双肩后缩；

（10）胃、腹部：尽量收腹；

（11）优势大腿：直腿慢慢抬起并保持住；

（12）优势小腿：脚尖用力勾；

（13）优势脚：脚尖内翻、用力屈脚尖；

（14）非优势大腿：直腿慢慢抬起并保持住；

（15）非优势小腿：脚尖用力勾；

（16）非优势脚：脚尖内翻、用力屈脚尖。

好！现在你所有的肌肉都放松了，完全放松了。如果你感到哪一群肌肉还没有放松，就重复同样的方法放松它……好！现在你已完全放松了，内心感到平静、安宁。

（二）表象训练

1. 表象训练的作用

表象训练是运动员有意识地在头脑中再现或完善运动表象，从而增强运动员的心理调控能力、提高运动员的心理适应性的一种心理训练方法。表象训练又称为表象技能训练、念动训练等。

表象技能是一种重要的心理技能，在运动中大多数动作的顺利完成都必须借助于清晰、准确的运动表象。表象训练有助于运动技能的掌握，提高运动学习的效果；表象训练可以帮助运动员减少和克服紧张、焦虑等消极情绪，充分发挥运动水平；表象训练可以提高运动员的注意能力，增强运动员的自信心。

2. 表象训练的方法与程序

表象训练形式多样，具体要求不尽一致，但各种形式的表象训练程序基本一致，一般包括三个阶段。

（1）表象知识介绍与表象能力测定

这一阶段主要是进行有关表象知识的介绍，使学生或运动员了解运动表象的特点及其在运动中的作用。通过表象能力的测定，了解学生或运动员的表象能力，确定表象训练的主要任务，并通过表象能力评定进一步帮助他们加深对运动表象概念的认识。

通常采用的表象能力评定方法是要求学生或运动员自我设定一种运动情景，并在头脑中表象该情景，包括与该情景有关的人、地点、时间和动作等等，然后采用五级评分法（1＝很差，2＝较差，3＝中等，4＝良好，5＝很好），从表象中视觉的清晰度、表象中听觉的清晰度、表象中动觉的清晰度、表象中的情绪体验深度和对表象的控制程度等方面进行评价。

（2）基础表象训练

表象训练的效果是建立清晰、可控的运动表象，而运动表象的清晰性和可控性首先取决于运动员对内外刺激的感知。因此，基础表象训练首先是要提高感官的觉察能力。为此，可采用专注技术。这一技术要求运动员将注意力集中在所做动作上，通过让他们放慢动作节奏来更细致、更清晰地觉察做动作时的各种体验。专注练习通常是在专门的语言引导下进行的。

构成运动表象的感知要素除了视觉的以外，还有动觉的、嗅觉的、味觉的等等。运动员对这些要素的感知通常都比较模糊，所形成的相应表象也不清晰。因此，进行表象训练时必须提高运动表象的清晰性。

表象清晰性训练的方法很容易设计。例如，可以做“卧室练习”，表象自己以往房间的陈设；也可做“运动场练习”，表象自己所熟悉的运动场的各种情形。

表象控制能力训练主要是学习操纵形象的能力，可以采用缩放表象来进行这种训练。如，表象一个足球，使它在头脑中越变越大，然后恢复到正常大小，最后越变越小。如此反复进行。

（3）针对性表象训练

经过基础表象训练，表象的清晰性和控制能力得到了提高。然后就应结合专项和具体问题进行有针对性的表象训练。针对性表象训练包括表象放松训练、表象预演和战绩回忆等。它们在目标和具体的程序上不一样。

表象放松训练主要是为了消除紧张、焦虑，调节激活水平，提高注意集中能力。表象放松训练的基本程序如下：

①选择一个安静地方，尽可能舒适地坐或卧着。

②闭上眼睛，做几次深呼吸，深深地吸气，然后慢慢地呼出。

③表象自己处在一个非常舒适的环境。例如，你可能是躺在沙滩上，沐浴着温暖的阳光，略带咸味的海风不时拂面而过，海浪有节奏地像脉搏般地一起一伏……你也可能是漫步在丛林中……你也可能是坐在一个僻静的小屋里的火炉旁，静静地欣赏着轻音乐……所表象的环境应是自己过去经历过的、体验较丰富的环境。

④尽可能生动地表象这种情景，仿佛身临其境，激发出自己曾有过的生动的体验。

⑤重复③④，使自己达到充分的放松。

⑥活动双手和双脚，然后睁开眼睛。

表象预演是要为了巩固技术动作，形成有效的动作程序，适应赛场环境，提高注意集中能力。表象预演的基本程序如下：

①先进行放松训练，使身体放松，心绪安宁。

②反复表象自己独自一人完成动作时的具体细节，直到自己非常完美地完成全部动作。

③表象赛场的情形，并将自己置于其中。反复表象整个比赛程序和自己正在进行的比赛，表象自己在赛场也非常完美地完成了全部动作。

④活动双手和双脚，然后睁开眼睛。

战绩回忆主要是为了提高运动员的自信心，消除紧张、焦虑和消极的赛前心理状态。战绩回忆的基本程序如下：

①先进行放松训练，使身体放松，心绪安宁。

②表象自己以往最成功的、最满意的一次竞赛表现，使这一情景好像历历在目，仿佛再次身临其境，并激发出自己曾有过的各种体验。

③活动双手和双脚，然后睁开眼睛。

（三）注意技能训练

注意是心理活动对一定对象的指向和集中。集中注意能力是运动员应必备的一项重要心理能力。集中注意力训练的方法很多，几乎各种心理训练方法都有助于提高运动员的注意能力。下面这些方法是一些常见的集中注意力的训练方法。

1. 视觉守点法

选择一个固定的视觉目标，对其仔细观察几秒钟后，闭上眼睛努力回忆被观察的形象，如果回忆起来的形象某些地方还不太清楚，就睁开眼睛看看，然后再闭眼回忆，如此重复数次，直到十分清晰地回忆出被观察对象的形象为止。

2. 视觉追踪法

选择一个活动的物体作为视觉目标进行观察，如注视手表秒针的转动，先看 1 分钟，假如 1 分钟内注意没有离开过秒针，再延长观察时间到 2 分、3 分，等到确定了注意力不离开秒针最长时间后，再按此时间重复三四次，每次间隔 10～15 秒，如果能持续注视 5 分钟而不转移注意力，就是较好成绩。每天进行几次这种练习，经过一段时间后，便会有良好效果。

3. 意守法

把注意力集中在所要完成的动作或活动上去，不为外来刺激和内在因素所干扰。如在比赛气氛热烈、紧张、嘈杂的情况下，集中于自己的动作要领；排除思想杂念的干扰，把注意力集中到运动器官的活动上去；尤其要善于从焦虑状态中把注意力转移到自身动作的感知上或集中于当前的活动上；也可以把注意力集中到那些即将到来的活动任务或比赛的策略上。

4. 低声发令法

教练员以极其微弱的、勉强能让运动员听清楚的声音发出命令，让其执行，迫使他们高度集中注意力。这种方法持续运用的时间不宜太长，一般不超过 3 分钟。

此外，集中注意训练与运动员的动机、兴趣及责任感有关，训练中应注意发挥这些心理因素的作用。

（四）生物反馈训练

生物反馈训练是借助于现代化仪器，把机体的生理信息传递给运动员，使其经过反复练习学会调节自己的生理机能。这种训练又叫“内脏学习”或“自主神经学习”。例如，运动员在训练和比赛时出现了情绪紧张，必然在生理方面反映出来，特别是植物性神经系统控制的机体部分会发生一系列的变化，如心率加快、毛细血管扩张、血压升高等。使用电子仪器显示出各种信号，告诉运动员在紧张情况下一些主要生理机能的反应，让他们学会控制自己的生理反应，进而消除情绪的过分紧张。

生物反馈训练的主要目的在于调节运动员的心理激活水平，调节运动员的紧张焦虑。此外，生物反馈训练还有助于改善机体各器官系统机能的作用，而且还可以提高运动感知能力，加速运动技能的形成。此外还能校正技术动作，使之更为协调。例如，运动员在练习做动作时，利用肌电仪让他们直接观察肌电变化，可以提高肌肉用力感觉，准确区分完成动作的用力时间和强度，从而加速运动技能的形成。在耐力性项目的训练中，使用心率仪让运动员能直接听到自己的心率变化情况，以便调节和控制练习的强度，改进运动技术。

但必须指出，运动员掌握这种方法，需要经过长期训练，因为它是属于中枢神经系统对植物性神经系统的调节和控制的过程，这绝不是短期训练所能达到的，即使有了“结果的信息”，也不见得就能随意左右这个“结果”。

（五）目标设置技能训练

1. 目标设置的作用与意义

目标是指个体在行动之前所确定的希望在某一时间内达到的行为标准。目标设置指遵循一定的原则，科学地建立行为目标的程序与方法。大量研究表明，目标设置对活动的完成具有积极的作用，并有助于个体心理品质的发展。目标设置技能训练的主要作用在于增强学生运动员的自信心，激发学生和运动员的内部动机。同时，目标设置技能训练也有助于改善运动员的注意力，降低焦虑。

2. 目标设置的基本原则

目标设置技能训练主要是提高运动员的目标设置能力，设置有效的目标。在设置目标的过程中应遵循 5 个基本原则。

（1）设置可控的目标而非不可控的目标

学生和运动员要使设置的目标能增强自己的自信心，激发自己的内部动机，就要做到所设置的目标是自己能够控制的。不论目标达到与否，学生和运动员都能对其负责。学生和运动员不能控制的目标不可能达到培养其自信心、激发其内部动机的目的。

为了设置可控的目标，学生和运动员在设置目标时就应该设置活动的过程目标，而不是活动的结果目标。活动的过程目标强调的是活动过程本身，它一般是可控的。如“向前挥拍时，要完全伸展手臂”“比赛开始前，要做3次深呼吸，在头脑里演练一遍技术动作”等。而活动的结果目标强调的是活动的成败、胜负。如“在比赛中，我发球要得3分”“我一定要赢得这场比赛”等。结果目标的实现不仅仅取决于学生和运动员自己，还受到裁判、对手、场地、气候等因素的影响。结果目标在学生和运动员的控制之外，它不仅不能达到目标设置的目的，而且还会增加学生和运动员的心理负担，使他们更多地受到胜负结果的消极影响。

（2）设置明确的目标而非模糊的目标

明确目标是可以测量的、数量化的具体目标，如“今天我要做20次投篮练习”。模糊的目标是指不具体的、无法客观测量的目标，如“在比赛中我要尽最大的努力”“我要训练得更刻苦一些”。

学生和运动员只有设置可以被客观测量的目标，他才知道自己的目标是否能实现，从而达到目标设置的作用，并为设置将来的目标奠定基础。

（3）设置挑战性的目标而非容易或不现实的目标

挑战性的目标是运动员目前还难于达到、但经过努力又可以达到的目标。挑战性的目标能增强目标的激励作用，充分挖掘运动员的潜能。研究发现，设置现实而具有挑战性的目标是优秀运动员与一般运动员在目标设置方面的主要区别。

在目标设置时，运动员常常设置容易的目标，或不现实的过高的目标。一方面，由于害怕失败，运动员常常设置容易的目标；另一方面，由于渴望成功及家庭、教练和社会的压力，运动员又常常设置过高的目标。容易的目标不能有效地激励运动员、增强运动员的自信心，也就达不到目标设置的作用；不现实的过高的目标也不利于调动运动员的积极性，而且会增加运动员的心理负担，甚至使运动员产生心理挫折。

设置现实而具有挑战性的目标是目标设置的核心。但现实而具挑战性的目标因人而异，没有统一的标准。运动员在设置目标时应根据自己过去的成绩和项目特点而定，而不应建立在猜测和武断的基础之上。欧·布洛克和伊万斯（O. Block & Evans）曾提出了一个称为“区间目标设置”的公式，其计算依据就是个体过去的成绩。例如，一名游泳运动员 50 码自由泳的近 5 次成绩为：26.48、26.43、27.12、27.82、26.69（单位：秒），那么，其区间目标的具体计算方法是：

第一步：计算前 5 次的平均成绩 A（A＝26.91 秒）。

第二步：计算前 5 次中的最好成绩 B（B＝26.43 秒）。

第三步：计算最好成绩与平均成绩的差值 C（C＝A－B＝0.48 秒）。

第四步：计算下一目标区间的下限 D（D＝B＝26.43 秒）。

第五步：计算下一目标区间的中间值 E（E＝D－C＝25.95 秒）。

第六步：计算下一目标区间的上限 F（F＝E－C＝25.47 秒）。

这名游泳运动员的目标区间就是 26.43 秒至 25.47 秒。

如果使用频率、准确性或长度等测量成绩，区间目标的计算应作如下调整：

C＝B－A，E＝D＋C，F＝E＋C。

这种设置区间目标的方法，也可以帮助个体设置现实而具有挑战性的目标。

(4) 重视短期的目标而非长期的目标

短期目标是指在较短时间内可实现的目标，长期目标是指要较长的时间才能实现的目标。虽然长期目标是一个人要努力的方向和最终要达到的目标，在目标设置中不可能不考虑到长期目标，但应重视设置在较短的时间内可以完成的目标。通常可用“目标梯子”的方法，将长期目标分解成一系列的子目标。短期目标的设置可增加运动员成功的可能性，使运动员经常体验到成功，从而增强运动员的自信心和动机。

(5) 重视个人的目标而非集体的目标

在体育运动中，既有个人的目标，也有集体的目标。集体目标也是有意义的，特别是当体育运动要求高度的协作或合作时，集体目标的意义更大。但进行目标设置时，重点应是个人目标而不是集体目标。这主要是因为集体目标常常模糊不清、责任不明，它们通常不是一个具体的目标，而是一个最终的目的，不是运动员可以控制的。而且，集体目的的达到依赖于个人目标的实现，不以个人目标为基础的集体目标是没有多大价值的。

为了有效地设置目标，达到目标设置的目的，除了在目标设置时遵循以上原则外，还应注意及时的信息反馈、提供社会支持、提高运动员目标设置的自觉性。

3. 目标设置的基本步骤

第一步　自我分析

这主要包括对自己现实的分析和对自己理想的认识。如，从身、心、技三方面来看我现在是一名什么样的运动员？我最渴望的是什么？

第二步　任务分析

任务分析是指对成功完成任务所必备的条件的分析，主要指个人内在的条件。如成功完成任务需要哪些动作技能?成功完成任务需要哪些心理技能？成功完成任务需要哪些身体条件?

第三步　测量方法

明确对成功完成任务所需条件的测量方法。包括测量工具的选择、测量程序的确定、结果的评定等。

第四步　写出目标

这是目标设置的核心,写出目标要遵循目标设置的原则。写出的目标可能是技术目标,也可能是心理目标或其他目标；可能是长期目标，也可能是短期目标。因此，写出目标以后还要根据目标的种类和性质对目标进行分类和分级，从而构成一个目标系统。同时，应修改或剔除不符合目标设置原则的目标。另外，所写出的目标要注意与集体目标相协调；目标表述应清晰、准确。

第五步　制定计划

有了目标以后，还要制定达到目标的具体途径、方法及时限，制定目标设置图。这也是目标设置不可缺少的内容。

第六步　付诸实施

将目标计划付诸具体实践，并在实践中对行为表现和努力程度进行评价，不断完善目标设置。

第三节　竞赛心理

运动竞赛是竞赛双方直接或间接地相互作用、相互影响、通过竞赛结果的胜负对运动水平作出评定的一种形式。一切体育运动都与竞赛紧密联系着，竞赛是竞技体育的核心。

养兵千日，用兵一时。从运动训练到竞赛，运动员不仅要在身体、技战术上适应竞赛的需要，同时，运动员也要在心理上适应竞赛的要求。运动员对竞赛的心理适应是保证竞赛获胜的重要条件之一。

一、运动竞赛的心理特点

（一）强烈的竞争性

竞争是运动竞赛的核心和本质，是运动员身体、技术、战术和心理的全面较量，运动员在比赛中必须超过对方才能获胜。因此，比赛具有强烈的对抗性，有时甚至是十分激烈的。

无论是集体项目，还是个人项目，都要求运动员适应这一特点，具有顽强的意志，高涨的情绪和争强好胜、积极进取的心理品质。一个缺乏斗志和进取心、情绪低落的运动员就不能适应运动竞赛的强烈竞争性，也无法充分发挥自己的运动水平。

（二）应激的公开性

运动竞赛往往具有表演的特点。参赛者是在众目睽睽之下应付比赛中随时出现的各种紧张局面，自己身心的种种变化也暴露在大庭广众面前。这就要求运动员具有充足的心理能量和高度的自觉性，大胆勇敢，当机立断，同时又能自我控制，不鲁莽草率。一个畏首畏尾、胆小羞怯、过分自我关注的运动员是不可能充分发挥自己的运动水平的。

（三）潜能的开发性

运动竞赛不仅是身体潜能的开发过程，同时也是一个心理潜能的开发过程。竞赛对运动员的各种心理品质提出了很高的要求，有时甚至近乎苛求。这就要求运动员打破心理极限，充满自信，不断发展各种心理品质。

（四）高度的协调性

运动竞赛要求运动员的身体各要素之间、心理各现象之间、身体和心理之间、个人和集体之间、运动员与裁判和观众之间全面地保持协调，达到高度的和谐，这就要求运动员具有合理的思维和正确的态度，保持心理稳定，提高适应能力。

二、获胜优势的心理条件

运动竞赛不仅仅是运动员拼体力、比技术的单纯的身体活动，同时也是运动员心理素质的较量。“两强相遇勇者胜”，运动员要在竞赛中获胜，除了应具备良好的身体、技战术条件外，还要具备比赛获胜的心理条件。比赛获胜的心理条件主要包括以下内容：

（一）适宜的运动竞赛动机

竞赛动机是运动员进行竞赛活动的心理动力。适宜的竞赛动机有助于运动员的心理激活，正常或超常发挥技战术水平。如果动机过低，达不到一定的心理激活水平，运动员就无法充分发挥技战术水平。另一方面，如果动机过高，也会影响运动员技战术水平的发挥。

（二）高度发展的专门化运动知觉

专门化运动知觉是适应运动项目特点要求的运动知觉高度发展的形式，如球感、水感等。它是高水平运动员应具备的重要心理品质。运动员如果没有形成专门化运动知觉，就无法快速、准确地获得内外信息，做出及时有效的反应。

（三）良好的注意品质

运动竞赛要求运动员应具备良好的注意品质。不同的运动项目，对运动员的注意品质的要求不一样。例如，射击项目对运动员注意的稳定性品质要求较高，而球类项目则要求运动员应具有良好的注意广度、注意分配和注意转移等品质。

（四）良好的思维能力

在运动竞赛中，赛场形势瞬息万变。运动员应具有较好的思维能力，特别是快速决策能力，才能把握战机，反应迅速而有效。

（五）积极的情绪体验和稳定的情绪状态

情绪是影响竞赛表现的重要心理因素。积极的情绪体验和稳定的情绪状态是运动员正常或超常发挥技战术水平的重要保证。而愤怒、恐惧等消极的情绪体验和情绪波动，不利于运动员技战术水平的正常发挥。

（六）积极进取、勇敢顽强的意志品质

在现代运动竞赛中，竞争越来越激烈。运动员在比赛中需要付出巨大的身体和心理努力，必须具有积极进取、勇敢

顽强的意志品质，才能适应激烈竞争的要求，在各种赛场形势下正常或超常地发挥技战术水平。

三、运动员赛前心理状态

运动员对于即将来临的竞赛，由于各自的认识、态度、身体、技战术训练水平及个人的竞赛经验不同会产生不同的心理状态，从而对竞赛产生不同的影响。

（一）过分激动状态

运动员由于缺乏比赛经验或参赛动机过强易产生赛前过分激动状态。主要表现为情绪高度紧张、波动性大；知觉和表象不清晰；注意不集中；记忆力减退；自控能力减弱。赛前过分激动状态是一种消极的赛前心理状态，对于出现这种状态的运动员应给予心理帮助，并进行必要的心理训练。

（二）淡漠消沉状态

由于赛前过度疲劳，或过分关注于竞赛的不利因素而又感到无能为力时，运动员易产生赛前淡漠状态。主要表现为情绪低落、意志消沉、缺乏信心，各种心理活动强度明显减弱，甚至设法逃避比赛。寒前淡漠状态是一种消极的赛前心理状态，应注意激发运动员的竞赛动机，树立取胜的信心，防止赛前过度疲劳。

（三）盲目自信状态

主要表现为过于自信、盲目乐观；情绪不稳定；注意易分散。在整个心理活动结构中，消极的心理成分较多。赛前盲目自信状态是一种消极的赛前心理状态。对于出现这一状态的运动员，应帮助他们分析自己的不利因素和对方的优势，使运动员认识到竞赛心理优势在取胜中的重要作用。

（四）清醒振奋状态

这是一种积极的赛前心理状态，运动员心理处于一种最佳的状态，意识清醒，振奋自信，各种心理活动水平较高，强度适宜，在整个心理结构中积极的心理成分占优势。

为了使运动员以一种最佳的心理状态进行比赛，就需要进行赛前心理准备。通过赛前心理准备来提高运动员对竞赛的心理适应性，形成最佳的赛前心理状态。

四、赛中情绪表现

运动员在竞赛中的情绪表现丰富多彩，体验强烈，对运动员的竞赛表现影响较大。其中，紧张、悔恨和陶醉等情绪体验最为常见。

（一）紧张

紧张是运动员在知觉到某种压力情景时所产生的一种情绪体验及相应的生理、心理反应。运动员在紧张状态下所产生的多种生理、心理反应，主要表现为全身肌肉僵硬、无关活动增多、心神不定、失眠、食欲减退、尿频等。

导致运动员紧张的原因是多方面的，如竞赛规模、对手实力、社会评价、比分落后、动作失误等客观原因和运动员对比赛期望值过高、缺乏信心、消极思维等主观原因都可能导致运动员紧张。

克服运动员的紧张除进行心理训练、帮助运动员提高自信心、增强自我调节能力以外，还应进行必要的临场心理咨询与指导。

（二）悔恨

悔恨是运动员因个人失误或疏忽大意造成失分或比赛失利而产生的一种情感体验。悔恨是与自尊心、责任感、荣誉感相联系的一种情感体验。悔恨既可能对活动产生积极作用，又可能对活动产生消极影响。

（三）陶醉

陶醉是当运动员处于一种最佳竞技状态时出现的一种情感体验，表现为兴奋愉快、自我悦纳、全神贯注于比赛过程。

五、赛后心理调整

激烈的运动竞赛，不论胜负如何都会对运动员的心理产生深刻的影响。但由于运动员的心理活动方式随着比赛的结束而发生了变化，由公开显现转为较深层的心理活动，人们常常忽视赛后的心理调整与恢复。这不仅会影响到运动员后续的训练和比赛，甚至会对运动员的身心健康产生不良影响。因此，进行赛后心理调整与恢复是十分必要的。

赛后心理调整与恢复的主要目的在于：正确对待比赛胜负；消除运动员的攻击心理；消除运动员的自满与自卑心理，防止运动员盲目自信或自信心丧失；消除运动员紧张、焦虑、自责等不良情绪。

[练习]

一、解释

运动技能　练习曲线　技能迁移　心理训练　高原现象

二、填空

1. 运动知识学习是通过________和________两条途径实现的。

2. 运动技能的形成包括________、________和________三个阶段。

3. 影响技能迁移的三个因素是________、________和________。

4. 心理训练可分为________和________两种。

5. 运动员的四种赛前状态是________、________、________和________。

三、判断

1. 射击属于开放性运动技能。

2. 游泳属于连续性运动技能。

3. 运动知识的学习同其他知识的学习是完全一样的。

4. 练习中的高原现象就是生理极限。

5. 赛前过分激动状态是最佳赛前心理状态。

四、应用题

1. 如果你在比赛前十分紧张，可采用什么办法加以克服？

2. 结合你个人的实际分析比赛取胜需要哪些心理条件？

[阅读材料]

运动心理学的现状与发展方向

（一）现状

1. 新的分支学科

根据克拉蒂1989年的观点，运动心理学本身可分为三个分支学科：实验运动心理学、教育运动心理学和临床运动心理学，每一个分支学科又有不同的目的和内容，见图 10-2。

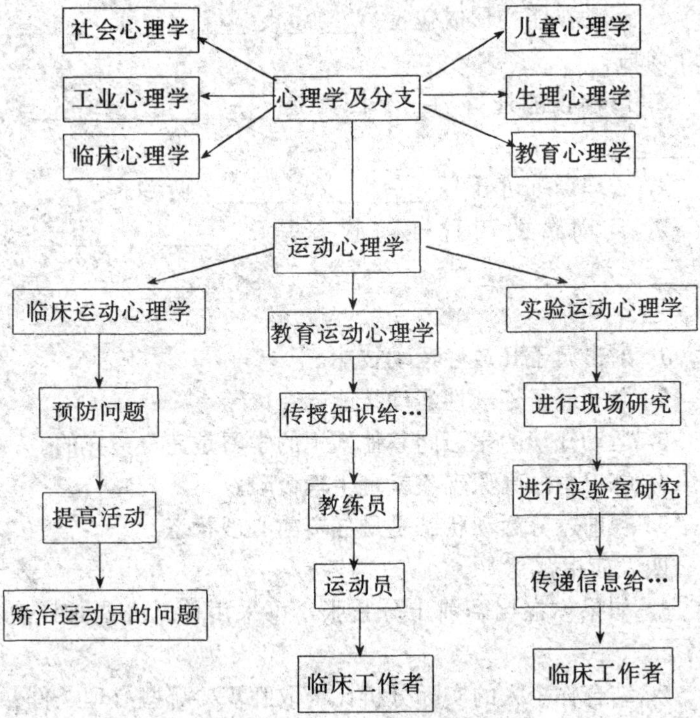

图 10-2　运动心理学的分支学科

由图可见，教育运动心理学家的主要任务是传授知识给教练员、运动员和运动队的行政人员（注：实际上，也应包括体育系学生在内）；临床运动心理学家的主要任务是预防或矫治运动队和运动员个人的情绪和行为问题，同时也要帮助心理健康的运动员挖掘潜力和提高运动水平；实验运动心理学家的主要任务是在运动现场和实验室中研究一些基础理论问题，如唤醒水平与运动成绩究竟是怎样的关系等等。

在美国，80 年代以前，真正的临床运动心理学家很少，80 年代后，这样的心理学家日益增多。在东欧国家，临床运动心理学家出现得早，且人数多，这说明，东欧的一些国家更早地重视为运动员提供心理服务这一问题。

在美国，教育运动心理学以前都是在体育系里开设的，近 10 年来，这门课也开始在心理学系开设。然而在中国，这门课程仅仅在体育系开设。另外，在美国的大学或学院中，从事实验运动心理学的人实际上也是教育运动心理学家。

除克拉蒂的观点之外，杜达 (Duda) 在 1987 年希望建立一门“发展运动心理学”学科。事实上，近十几年来，关于儿童的运动心理学问题也已受到了较多的研究。

此外，“体育心理学”和“运动心理学”的分离也越来越明显，这一现象在东欧、日本以及中国等尤为突出，如日本松井三雄所著的《体育心理学》被学者们认为是一门比较“正宗”的体育心理学专著。然而，在美国，体育心理学的研究不太受到重视。

2. 新的理论研究

80 年代以来，运动心理学家们在依靠一般心理学理论的基础上，紧密联系运动实践，发展了一些真正的运动心理学理论，例如，关于唤醒与运动成绩的关系，过去人们都用从动物实验中得出的“倒 U”形理论来解释它们之间的关系，而 80 年代以后，人们越来越认识到唤醒与运动成绩的关系并非一种简单的“倒 U”形关系，两者的关系受项目特征和个人因素的影响，除此以外，关于唤醒与运动成绩的关系还出现了诸如阈限论、旋转论、最适宜唤醒等“正宗”的运动心理学理论。再如，过去人们都是用一般社会心理学中的领导理论来解释教练员的行为，然而，现在一个“教练员的多维度领导模式”也已建立起来。

3. 新的研究方法

过去，运动心理学家们大都直接借用其他心理学的测量方法来研究运动员的心理问题，如研究运动员的焦虑问题，大多借用斯皮尔伯克从对学生考试焦虑研究中发展起来的状态—特质焦虑量表，而学生考试的情景毕竟和竞赛运动的情景差异较大。现在，运动心理学家们大都采用马顿斯(Martens)编制的竞赛状态和竞赛特质焦虑的量表。不但如此，一些紧密联系某一运动项目的焦虑量表也已出现。再如，80年代以来，对运动员攻击性行为的评定不但有了专门的与运动有关的量表，而且还有了专门评定这一行为的仪器。

另外，在研究方法上还有一个趋势，对运动员心理的评定不仅依靠量表测试，而且也采用了许多心理生理学的方法(如脑电、肌电、心率等等)；不仅采用实验室的研究，同时也进行现场调查。

4. 研究范围

80年代以前，研究的内容主要集中在运动员的个性、焦虑或唤醒、注意力、运动队的社会心理学和心理调整等等研究方面。80年代后，特别是近几年来，除仍对上述内容进行研究之外，运动心理学家们似乎又对身体活动对增进心理健康或消除心理疾病的影响、认知与情绪或活动、运动损伤的心理学、退役心理学、目标定向、自我效能等问题进行了研究。另外，从1993年6月22日到27日在葡萄牙里斯本召开的第八届国际运动心理学大会提交的论文内容来看，可以看出世界运动心理学发展的整体趋势，论文的主要内容包括：认知与决策，能力识别与发展，社会心理过程，测量和方法学问题，动作活动与技能获得，计算机应用，训练与心理学，健康、幸福与心理学，运动中的问题，运动心理学的跨文化研究等，其他内容则涉及高水平运动员、学校体育、娱乐体育和特殊人群等心理学问题。此外，大会还邀请了一些著名的运动心理学家做主题报告，内容包括：练习和运动中的参与性动机、运动领域中的专家特征、学校体育中的心理学效果、运动心理学的测量与方法学问题、意义性目标理论与运动动机、健康与幸福心理学、运动中的认知和决策、对网球运动员的认知—行为综合干预策略、国际运动心理学会的发展、体育运动中的群体动力学以及从社会—文化观看性别的发展等。

5. 实践应用

80 年代以来，各国日益重视运动心理学的实践和应用问题，1987 年诞生的又一本国际性杂志《运动心理学家》是最好的例证。这是一本主要刊登运动心理学应用文章的杂志。此外，许多运动心理学工作者都直接下队为运动员进行心理技能训练。然而，各国之间是有很大差别的。在原苏联和东欧一些国家，已发展了一套较完整的运动员心理技能训练计划，但在美国，整日直接与运动队联系的人并不多。例如，据沙尔米勒 (Salmela) 1981 年统计，在东欧，有 80%以上的运动心理学家从事实践活动；相反，在北美，少于 38%的人从事实践活动。此外，他还比较了东欧和美国在给高水平运动员传授运动心理学知识和方法的时间。在东欧，对运动员传授知识和方法的时间超过 30 个小时，但在北美，这一计划并不存在。沙尔米勒 1984 年的统计还表明，东欧国家数十年来一直精心地为参加奥林匹克运动会的运动员进行心理准备。而在美国，据苏恩 (Suinn) 1985 年报道，甚至在 1984 年奥运会前，对运动员的心理技能训练是草率和仓促的。但近几年来，特别是美国应用运动心理学会（简称 AAASP）的成立大大推动了其成员既重视理论研究，也重视实践应用。这个学会的宗旨是扩大北美运动和体育活动心理学会（简称 NASPSPA）等组织的服务，为人们提供论坛，专述运动心理学应用方面的问题，促进应用研究的问题，提高有关职业道德的问题（如职业道德标准，获得运动心理学家的资格等）。最近几年，美国出版了一系列运动心理学的应用书籍，如马顿斯和邦普合编的《心理技能训练指南》、威廉编的《应用运动心理学》以及塔特科等人编的《实用运动训练心理学》等。

（二）方向

要对运动心理学未来发展方向作一个明确的回答似乎比较困难，但根据一些资料和专家的观点，还是可以对该领域的未来作一个大体的描述。

1985 年，著名的运动心理学家、原国际运动心理学会主席辛格对运动心理学的未来方向的观点富有见识，他确定 11 种虽已被研究，但今后仍然会受到更大关注的主要研究领域，它们是：（1）儿童与运动学习；（2）专项运动心理测验；（3）运动成绩的预测；（4）运动员的认知；（5）自我控制技术；（6）适宜心理过程的训练与发展；（7）动机；（8）运动员的全面训练计划；（9）运动员的追踪研究；（10）强体力活动训练计划造成的后果；（11）对运动员的跨文化心理学比较研究。

辛格还认为，有以下几个问题运动心理学家们现在会、将来也会特别感兴趣，即哪一种降低焦虑的训练计划最有效？这种计划对于哪一种问题、哪一类人最有效？训练选择性注意和集中注意最好的方法是什么？最佳心理训练计划的内容是什么？

事实上，运动心理学理论和应用中的许多问题多半还会继续研究下去，这是因为这门学科目前还不太成熟的缘故。

另一个在运动心理学领域中将面临的问题是谁来为运动员提供心理服务？目前在国际上特别在美国存在这样的争议，一方面，临床心理学家认为这一任务应由他们来承担，他们指责毕业于体育专业的运动心理学工作者心理学基础薄弱，对现代心理学的知识也缺乏了解；而运动心理学工作者则认为临床心理学家没有运动经验，对运动现象缺乏认识，而且，临床心理学家只知道治疗，不知道如何通过心理手段来提高运动成绩，因而，他们认为对运动员的心理干预应由自己来担当。据著名的运动心理学家威廉姆斯指出，这一问题在不久的将来会受到关注和解决。威廉姆斯还认为，对于临床运动心理学家、教育运动心理学家和实验运动心理学家来说，将来可能有不同的训练指导方针。

季浏等《当代运动心理学》第一版　西南师范大学出版社　1994年

专注练习脚本

在一个很宽阔的场地上开始慢慢地行走，将你所有的注意力集中在你的双脚上（保持10秒钟）。注意迈每一步时所出现的各种感觉，你抬起一只脚（停留5秒钟），然后落在你前方的地上（停留5秒钟），再将重心移到这只脚上（停留5秒钟），集中知觉每一过程的各种感觉。抬脚……（保持5秒钟），落下……（保持5秒钟），重心移位……（保持5秒钟）。

在你开始迈下一步前，记住，要慢慢地走，完成一个完整的迈步，要能够完全地知觉到走路的各种感觉（保持10秒钟）。抬脚……（保持5秒钟），落下……（保持5秒钟），重心移位……（保持10秒钟）。

现在闭上你的双眼，继续走路，将你的注意力集中在走路的各种感觉上。如果你的心灵处在漫游状态，不要着急，慢慢地将思绪拉回到你眼前的事情上。观察走路的各种感觉：抬脚……（保持5秒钟），落下……（保持5秒钟），重心移位……（保持5秒钟）。抬脚……（保持5秒钟），落下……（保持5秒钟），重心移位……（保持40秒钟）。抬脚……（保持10秒钟），落下……（保持10秒钟）和重心移位……

王惠民等《心理技能训练指南——教练员运动员实用手册》第一版 人民体育出版社 1992年

第十一章　心理卫生

［本章重点］

1. 心理健康的标准有哪些？
2. 童年期心理卫生的主要任务是什么？
3. 青少年有哪些主要的心理卫生问题？

第一节　心理卫生概述

一、心理卫生的概念

心理卫生，又称精神卫生。它有两层意义，其一是指一种心理健康状态。个体处于这种状态时，能以积极有效的心理活动，平稳、正常地面对正在发展着的社会、自然环境以及自我内环境，发挥自身潜能，取得良好的适应能力，获得更高水平的心、身健康。其二是指维护心理健康、减少问题行为和精神疾病的原则与方法，又可称心理保健。

心理卫生运动是从如何正确认识精神病和给精神病人以人道主义的待遇开始的。法国医生皮奈尔（P. Pinel）被认为是倡导心理卫生运动的先驱。他在1772年就指出，要使精神病人容易恢复，除了不受束缚之外，他们还应从事有益的劳动，并且人们要以关心的态度来倾听他们的诉说。

美国人比尔斯（Beers）1908年发表的自传著作《一个发现自身的心灵》是近代心理卫生运动的开始。从此，心理卫生运动在世界各地蓬勃开展起来。1930年召开了第一届国际心理卫生大会，并成立了相应组织。

“中国心理卫生协会”始建于1936年，后因抗日战争爆发而被迫停顿。1985年，“中国心理卫生协会”又重新建立。

我国心理卫生的思想源远流长，在古代典籍中蕴涵着十分丰富的心理卫生思想，如“神形相即、天人合一”的整体观；“治神入手、治神为本”的心理治疗观；“不治已病治未病”“防患于未然”的心理保健观。此外，还包含着大量的心理保健的原则与方法。如清心寡欲、修身养性；顺乎自然、调理情志；适应年龄、形神兼养等等。这些思想对于维护人的心理健康具有十分重要的现实意义。

二、心理健康的标准

（一）心理与环境相适应

客观现实是人心理活动的源泉和内容。任何正常的心理活动都应与环境保持一致，与环境具有同一性。健康的心理活动是对客观环境的反应，应该是“事出有因，反应适宜”。如果一个人无缘无故地高兴或发怒，或者看见一只蚂蚁也惊恐万状，这都是心理不健康的表现。

（二）心理与行为相统一

健康的心理活动在认知、情感和意志行动诸方面是和谐统一的，外部行为与个体的内心体验相一致。心理与行为相统一是个体适应环境和有效活动的基础。一个人的外部行为与其内心体验不一致，一般是心理不健康或心理异常的表现。

（三）人际关系和谐

人际关系和谐既是心理健康的标准，又是保证心理健康的条件。和谐的人际关系应是在不泯灭个性的前提下与他人友好相处，既能理解他人的思想和感情，又善于表达自己的思想和感情，心理健康的人往往对人际交往持一种积极乐观的态度。

（四）心理特点与年龄相符

个体的心理发展具有阶段性，不同的心理年龄阶段具有不同的心理特点。健康的心理活动应与年龄阶段特点相符。如果两者差异较大，特别是个体的心理活动停滞在较低的年龄水平，则是心理不健康的表现。

（五）认知积极正确

认知在人的心理活动中具有极为重要的意义，人的一切心理活动无不与认知有关。健康的心理活动也离不开积极正确的认知。积极正确的认知首先表现在能正确地认识自己。在对自我的认识中，健康的心理应是建立在对自我客观认识基础上的自尊与自信，而不是自卑与自大。积极正确的认知表现的第二个方面就在于能正确地认识他人。“知人者智，自知者明”。

正确地认识他人同正确地认识自我一样，是十分重要的，没有对他人的正确认识，就不会有对社会、对人生的正确认识。在对他人的认识中，健康的心理应是消除偏见与成见，在一定的社会文化环境下来认识他人的思想和行为，并富有同情心。

（六）情绪平稳而愉快

情绪是评价心理健康的重要内容。健康的心理表现在情绪上应是平稳而愉快的。如果一个人的情绪波动大，喜怒无常，或者常常沮丧悲观、烦恼焦虑、抑郁愤怒，则其心理是不健康的。人的高级情感对评价个体的心理健康具有十分重要的意义。道德愉快是评价个体心理健康水平的重要标准。所谓道德愉快，是指一个人在利他活动中自我体验到的愉快，也许利他活动会造成行为者的肉体或其他痛苦，但行为者却有肯定的自我评价，从而体验到满足的愉快。一个人的道德愉快感越强烈，他的心理健康水平也就越高。

（七）意志品质良好

意志是人类特有的一种心理活动，它对整个心理活动起着非常重要的作用。健康的心理活动应具有良好的意志品质，这主要包括意志活动的自觉性、果断性、坚韧性和自制力。自觉性表现为在意志活动的过程中，既能集思广益，虚心听取别人的意见，又不轻信盲从，受其他的暗示和干扰；既能坚持正确的决定，又不固执己见，独断专行。果断性表现为在意志活动过程中，能明辨是非，当机立断，既不犹豫不决，又不鲁莽草率。坚韧性表现在意志活动过程中，能持之以恒，不屈不挠，既不朝三暮四，见异思迁，又不执拗顽固，不思变通。自制性表现在意志活动过程中，能为达到目的而控制一时的感情冲动，约束自己的言行。

（八）个性相对稳定

人的个性形成以后是相对稳定的，在没有重大的变故情况下，个性是不易变化的。个性的突然改变或者出现多重个性，都是心理不健康的表现。

三、影响心理健康的因素

心理健康受多种因素的影响，主要包括生物因素、社会文化因素和心理因素等。

（一）生物因素

影响心理健康的生物因素主要有遗传、大脑结构损伤、躯体素质、神经递质、生物化学感染及一些特殊的条件等因素。

大量研究资料表明，在精神疾病特别是精神分裂、躁狂抑郁症等的发病因素中，遗传占有十分重要的地位。精神病人的亲属中得精神病的可能性比正常人高。对精神病的双生子的同病率的研究发现:同卵的同病率高于异卵的同病率。寄养研究也发现：通过寄养的精神病人的孩子的患病率仍比正常人高得多。

临床病例发现,大脑结构的损伤会严重地影响心理健康。如不同的言语中枢损伤会造成不同类型的失语症，左半球或右半球损伤会造成人的不同的心理功能障碍等。

人的身高、肥胖等躯体素质也会影响人的心理健康。

神经递质具有传导神经冲动或阻抑神经冲动的作用，其含量的变化会影响心理健康状况。如紧张型精神分裂症人的乙酰胆碱含量有增高的倾向，而老年性痴呆症患者的乙酰胆碱的含量有下降的倾向。躁狂症者尿中肾上腺素和去甲肾上腺素的排出量明显增多。

此外，生物、化学感染及一些特殊的条件，如感觉剥夺、睡眠剥夺和致幻剂等都会影响到人的心理健康状况。

（二）社会文化因素

社会文化因素，如都市化、战争、社会变革、风俗习惯等都会影响到人的心理卫生状况。社会文化关系失调是心理异常的重要原因。在现实生活中，个体不可避免地遇到社会生活的大大小小的、或急或缓的变动，例如，升学就业、婚丧嫁娶、疾病、迁居等等。这些生活事件是造成社会文化关系失调的主要原因。霍姆兹（Holmcs）等人采用“社会再适应评定量表”以“生活变化单位”（LCU）来评价个体再适应的困难程度。霍姆兹等人指出，若一年内LCU不超过150，则来年可能是健康平安的；若LCU为150～300，则有50%的可能性会在来年患病，若LCU超过300，来年患病的可能性将达70%。

个体的心理卫生问题通常是与社会文化因素相联系的，并受社会文化因素的制约。如过去偏执患者的妄想内容一般是魔鬼、神仙和狐狸精等，而现在却出现了外星人和电脑等内容。又如生活在落后农村的人们，其心理卫生问题常与迷信有关；而生活在开放都市里的人们，其心理卫生问题却常与都市化、药物滥用等有关。

此外，心理健康的标准也受社会文化因素制约。一般而言，对严重异常心理的判断标准是一样的，如幻觉、妄想、强迫行为等都会被诊断为心理异常。但在不同的社会文化背景下对有些表现是诊断为正常还是异常则不完全一样。例如，在欧美等开放的国家里，一个妇女袒胸露背在街上行走会被认为是正常的行为，而在中东国家，则会被看做是离经叛道的异常行为。

（三）心理因素

社会文化因素对个体心理健康的影响是通过人的心理中介实现的。心理因素对人的心理健康具有更直接的影响。动机冲突、心理挫折和心理应激会明显地影响个体的心理健康。

1. 动机冲突

动机冲突是指个体在有目的的行为活动中，常常会同时存在着一个或数个欲求的目标，而又存在着两个以上相互排斥的动机。动机冲突又称心理冲突。如前所述，动机冲突常有双趋冲突、双避冲突和趋避冲突三种形式。人在有目的的活动过程中，动机冲突是经常发生的。在一般情况下，动机冲突不会给心理健康带来消极的影响，但若是动机冲突太强、持续时间过长，则会给心理健康带来消极的影响。

2. 心理挫折

心理挫折是指人们在某种动机的推动下、所要达到的目标行为受阻又无法克服而产生的紧张状态与情绪反应。心理挫折产生在为达到目标而采取的行动过程中。

心理挫折所产生的敌意和攻击行为会对个体的心理健康产生消极的影响。

3. 心理应激

心理应激是人在某种环境刺激的作用下所产生的一种适应环境的反应状态。如果环境要求人做出较大的能力去适应，并超出了一个人所能负担的能力,这时就会出现紧张状态,持续的、过度的紧张会导致个体生理心理的衰竭，当心理应激的积累超过一定程度，个体的心理健康就会受到严重损害。

第二节　童年期心理卫生

童年期一般是指六七岁到十一二岁这一年龄阶段，又称为学龄初期。个体进入童年期后，生活环境发生了一次大变动，这就是他们要进入学校接受系统的正规教育，从一个备受家长和成人呵护的幼儿成为须独立完成学习任务、承担一定社会义务的小学生。童年生活环境的改变，会给他们的心理带来一定的压力。做好童年期的心理卫生工作，对于儿童顺利地适应环境的变化，促进其心理健康发展都具有重要的意义。

一、童年期心理卫生的主要任务

童年期心理卫生的主要任务是根据新的学习生活环境的要求,促进儿童的心理发展,预防心理和行为问题。为此,应当做好以下几个方面的工作：

（一）帮助儿童适应学校生活，减轻心理压力

童年期儿童的心理压力主要来自正规的学校生活。小学生的学习活动与幼儿园里幼儿以游戏为主的学习活动有根本的不同。较难的学习内容、较高的学习要求以及较刻板的学习方式都会使儿童产生较大的心理压力，影响其心理健康发展。为此，家庭和学校都要重视儿童从幼儿园进入小学的衔

接工作，以减少儿童入学后的适应困难。例如，家长在孩子进入幼儿园大班后可经常带他去小学看看，熟悉小学生的学习情况，激发其对小学的向往心情。进入小学以后，家长和老师应教给儿童一些行为规范和学习方法，及时帮助他们解决和适应困难。另外，过重的学习负担是造成小学生适应困难、心理压力大的主要原因，减轻小学生的学习负担是维护小学生心理健康的一项十分紧迫的任务。

（二）保护儿童的好奇心和求知欲，促进儿童智力的健康发展

童年期儿童的好奇心强，对什么都要探个究竟，因而常出现一些“破坏性”行为。对此，父母和教师应给予引导而不是训斥，利用其好奇心和求知欲诱导他们学习和掌握新的知识和技能。

（三）保护儿童的独立性，促进儿童人格的健康发展

独立性是儿童自我意识发展的重要标志，在人格的形成中起着重要的作用。童年期儿童正处在独立性发展的第二个关键期，他们更愿意依靠自己的能力进行思考、判断，行动显得任性、淘气。这会给儿童的教育带来一定的困难。但家长和教师应注意保护儿童的独立性，不要为了培养“标准儿童”而扼杀儿童的独立性。“标准儿童”，即一切听大人吩咐、一切按大人意图行事的所谓好孩子。虽然“标准儿童”一般是老师喜欢的好学生，父母喜欢的好孩子，但他们在心理上常常是不健康的，在人格上可能是不健全的。他们心理上过分防卫，没有独立见解，缺乏适应环境的能力。

（四）进行健康教育和训练，培养儿童良好的学习和生活习惯

健康的生活方式和良好的学习、生活习惯有助于维护个体的心理健康。童年期儿童可塑性强、好模仿，是形成各种行为习惯的有利阶段。在这一阶段，重视儿童的心理卫生，加强对儿童的心理健康教育和日常的行为训练，使其形成良好的学习、生活习惯，对于增进和维护儿童的心理健康具有极为重要的意义。

二、童年期的主要问题行为

（一）口吃

口吃是一种常见的言语障碍，主要表现为音节、单词、单字的重复或延长，或者由于经常发生独特的犹豫和暂停，以致中断有节律的语流。

儿童口吃的主要原因是由于模仿或情绪紧张造成的。大多数儿童的口吃会不治而愈，不会给儿童心理造成严重的影响。但若对儿童口吃采取讥笑、训斥等不正确的态度和方式，则不仅会影响儿童口吃的康复，同时也会对儿童的心理健康产生消极的影响。口吃的儿童一般都存在恐惧和自卑心理，通常在开口前就因担心别人取笑而焦虑紧张，结果是越紧张越口吃，越口吃越紧张，形成恶性循环。因此，对待口吃儿童，首先就应消除其紧张心理，使其心理放松；其次，应避免斥责打骂，产生消极强化；第三，应进行言语矫正和必要的心理训练。

（二）遗尿

儿童一般到了 5 岁左右就能自行控制排尿。但有些儿童进入童年期后，仍出现遗尿现象。儿童尿床可能是遗传、疾病、心理因素、教养方式不当等原因造成的。尿床儿童常会产生一种羞耻感和自责。父母对待尿床的儿童要采取正确态度，应分析并帮助儿童消除产生尿床的原因。父母对尿床儿童不应训斥打骂，更不应当众羞辱，否则，会极大地伤害儿童的自尊心，影响儿童人格的健康发展。

（三）学习困难

童年期儿童有许多害怕的事情，但最担心和害怕的是学习上的失败、考试不及格，怕老师和家长的指责，怕同学瞧不起。这种持续的紧张应激，常会影响儿童的心理健康，甚至导致生理紊乱和行为问题，如偏头痛、学校恐怖症、离家出走等。帮助儿童克服学习困难对于维护儿童的心理健康具有极其重要的意义。

造成儿童学习困难的原因是多种多样的。儿童学习困难有可能是因为适应不良引起的，也可能是因为智力缺陷或多动症等心理和行为障碍造成的。因此，对于儿童学习困难应区分不同原因采取相应的措施。对于因适应不良造成的学习困难，家长和教师应主要帮助儿童提高适应能力；对于因智力缺陷造成的学习困难，家长和教师应注意因材施教，或将儿童送进特殊学校学习以适应儿童的智力发展水平；对于因心理和行为障碍造成的学习困难，则首先应进行心理治疗或行为矫正，消除心理与行为障碍。

第三节　青少年期心理卫生

青少年期一般指十一二岁到十七八岁这一年龄阶段。是个体从童年过渡到成年、身体迅速发育、内心矛盾冲突显著增多的个体身心发展的重要阶段。有人称青少年期是人生的暴风雨时期和危险期，因此维护青少年的心理卫生重要而迫切。

一、青少年期的心理特点与心理卫生

（一）性心理的迅速发展与心理卫生

青少年期是身体发展的突变期。这种突变性是以第二性征的出现为标志的。随着第二性征的出现，青少年的心理会产生一系列微妙的变化，并产生一种特殊的心理体验，即性心理。性心理的发展具有以下三个特点，正确认识这些特点，对维护青少年的性心理健康是十分必要的。

1. 性心理发展的阶段性

性意识是性心理的主要内容。个体性意识的发展一般可分为三个阶段。

第一阶段：疏远期。由于生理上的急剧变化和性别发育的差异，青少年往往对性的问题感到害羞、不安和反感，于是在心理上和行为上表现出不愿接近异性，男女界限分明，彼此疏远，喜与同性伙伴亲密相处等。本质上是由对两性关系由无知到意识的状态。

第二阶段：爱慕期。随着年龄的增长，生理心理的进一步成熟，青年男女之间会产生一种情感的吸引，相互怀有好感，对异性表示出关心，喜欢与异性一起活动。

第三阶段：恋爱期。随着年龄的增长，生理心理的进一步成熟及社会生活的全面影响，青年男女之间开始萌生爱情，把特定的异性作为自己交往的对象，相互爱慕，进入初恋。

青少年期的性意识发展正处在第一阶段，并向第二阶段发展。

2. 性心理发展的矛盾性

青少年期的性心理发展是充满矛盾的。这种矛盾主要表现在性意识与性道德的矛盾及性心理与行为表现的矛盾。

3. 性心理的动荡不稳定性

青少年期的性心理与其他的心理活动一样，正处在迅速发展的过程中，具有动荡不稳定性。

根据青少年期性心理发展的以上特点，首先应帮助青少年科学认识性生理，促进性心理的健康发展，防止心理异常；其次，应加强道德教育，努力消除外界的性诱惑，防止性犯罪；第三，应正确认识性意识的发展规律，防止早恋。

（二）心理发展的封闭性与心理卫生

青少年的自我意识增强，自己的思想情感不愿向他人吐露。在这一时期，他们常常有说不完的悄悄话，爱写日记，情感内隐，有时甚至强颜欢笑。他们一方面渴望被理解，一方面又敏感地保护着自己，常产生一种难以名状的孤独感。为了消除这种孤独感对心理健康的不良影响，青少年首先应注意正确地认识自我，既不清高也不自卑；其次，应开放自我，真诚坦率地与他人交往；此外，还应培养广泛的兴趣和爱好。

（三）心理发展的矛盾性与心理卫生

青少年的心理发展充满了矛盾。成熟与幼稚、独立与依赖、理智与冲动、理想与现实、性意识与性道德、心理封闭与强烈的交往意向等等矛盾伴随着青少年心理发展的全过程。青少年应正视心理发展中的种种矛盾，促进心理向积极的方面发展，防止走极端。例如，有的青少年为了显示成熟与独立而吸烟、酗酒；有的青少年沉溺于幻想而出现反社会行为。这些都不利于个体的心理发展，影响心理健康。

二、青少年期的主要心理卫生问题

（一）心理断乳期的心理卫生问题

个体的一生中，都要经历两次“断乳”。第一次发生在乳儿期，个体不依靠母奶而依靠自己进食摄取营养而生存，属于生理上的断乳。第二次始于青少年期，个体要摆脱对父母的依赖，完成由幼稚的孩童成为一个独立人的全过程，属于心理断乳。处于心理断乳期的青少年就像婴儿适应不了成人的饮食而难于断奶易患病一样，也会对适应社会产生困难，出现心理危机，影响心理健康。

处于心理断乳期的青少年，具有十分强烈的独立自主的要求，力图摆脱父母约束。因此，他们常和父母发生矛盾和对抗，对父母、家庭充满怨恨和指责。例如，他们可能与父母顶嘴、出言不逊；或者故意做那些父母讨厌的事；或者自我虐待、逃学、出走等。作为父母应认识到青少年心理发展的这一特点，改变对孩子的教育态度，切实尊重青少年的合理要求。同时，青少年也应认识到父母是人而非神仙，不可能是十全十美的。青少年应学会理解父母，将自己的家庭放在社会的大背景中去分析。青少年应该认识到父母和家庭是无法选择的，但你可以选择自己的人生之路，你可以继承和发扬父母给你的优势，克服家庭的某些消极影响，从而青出于蓝而胜于蓝。

处于心理断乳期的青少年，易出现“疑病症”。他们常怀疑自己患有某种疾病，不相信医生得出的无病的科学诊断。疑病症的实质是缺乏安全感、缺乏自信心，实际上是以“病”为借口来逃避现实。疑病者病在“心理”，并在行动上为自己制造病态。青少年只有重新调整自己的心理和行为，增强社会适应能力，增强自信心和安全感，才能从根本上消除疑病症。

有位心理学家认为青春期存在着“七大混乱”，即权威、时间、两性、自我、学习或工作、社会角色和观念的混乱等。这些混乱会使处于心理断乳期的青少年感到茫然，无所适从，影响青少年的心理健康。青少年应认识到任何事物都是从混乱到有序，自己的心理发展也不例外。“成人不自在，自在不成人”，青少年应增强自制力，不放任自我，加强自我心理调整，促进心理成熟。

（二）月经初潮、遗精的心理卫生问题

随着个体生理的发展和成熟，女子在 12 岁左右出现月经初潮，男子在 13 岁左右出现第一次遗精。月经和遗精本是一种正常的生理现象，是个体出现第二性征的主要表现，但由于青少年缺乏科学的性生理知识和心理准备不足，加之一些错误的思想和封建意识的影响，遗精和月经常会给少男少女带来巨大的心理压力，使他们焦虑不安，感到害怕、羞涩和厌恶，从而严重地影响青少年的心理健康。为了避免月经初

潮和遗精对青少年心理健康的消极影响，首先应加强对青少年的性生理和性心理教育，消除对性的错误认识和观念。其次，应引导青少年参加积极向上、丰富多彩的活动，保持乐观、愉快的心境。第三，应向青少年传授一些基本的卫生常识和必要的卫生技能。

（三）手淫的心理卫生问题

手淫是指性欲冲动时用手玩弄生殖器官引起快感和满足的性行为。

对手淫的不正确认识和态度会对心理健康产生严重的影响。一般人认为手淫是不道德的、下流的；认为手淫有伤元气，“一滴精十滴血”；认为手淫影响生育等。这些不正确的认识和态度，会使青少年产生一种羞耻感、罪恶感，甚至诱发神经衰弱等身心疾病，影响青少年的心理健康。

事实上，手淫在青春期的青少年中并不少见，它是青少年解除因性紧张而引起的不良躁动的一种自慰方式。手淫的危害主要不是生理上的，而是心理上的；不是手淫本身，而是对手淫的不正确认识以及由此继发的精神重压。

为了消除手淫对青少年心理健康的不良影响，一方面，青少年要正确认识和对待手淫，即不要因好奇而手淫，也不要因手淫而陷入自罪自责之中；另一方面，青少年应树立远大的理想，加强意志努力，将注意转移到学习和训练上，努力克服这种不良习惯。

[练习]

一、解释

心理卫生　心理断乳　心理挫折

二、填空

1. 美国人比尔斯发表的自传著作《__________》是近代心理卫生运动开始的标志。

2. 童年期儿童的心理压力主要来自__________。

3. 童年期儿童正处在__________发展的第二个关键期。

4. 性意识的发展可分为__________、__________和__________三个阶段。

5. 手淫的危害主要不是生理性的，而是__________。

三、判断

1. 心理健康就是没有身体疾病。

2. 心理卫生的思想在我国源远流长。

3. 全世界心理健康的标准都是一样的。

4. 童年期不会有心理卫生问题。

5. 手淫的真正危害在心理方面。

四、应用题

1. 结合个人实际，分析社会文化因素对心理健康有哪些影响？

2. 你认为人们最常见的心理卫生问题是什么？如何克服？

[阅读材料]

吸烟——“现代瘟疫”

吸烟是一种适应不良行为，对人类的健康危害较大。世界卫生组织的一份报告指出：现时全世界每年有100万人因吸烟而过早死亡。医学研究证明吸烟是引起肺癌、慢性支气管炎、阻塞性肺气肿和冠心病的主要原因。世界卫生组织宣告：在工业发达国家中，65岁以下男性，90％的肺癌、75％

的慢性支气管炎、肺气肿和25%的冠心病死亡是由于吸烟引起。据统计：每吸一支烟平均要减少寿命5分半钟，吸烟可使期望寿命缩短5～8岁。孕妇吸烟则能使胎儿发育迟缓及婴儿低体重。越来越多的证据表明“被动吸烟者”的健康亦受到了威胁。然而，吸烟者大有人在，据统计：现在全球有一半以上男性和1/4左右的女性吸烟；欧洲超过50%的成年男性吸烟，亚洲各国超过40%的成年男性吸烟。1984年，我国爱国卫生运动委员会对国内50万人的抽样调查结果表明：我国15岁以上人群吸烟率为33%，男性达61.01%，女性为7%，全国吸烟人数为2.5亿人之众。可见，吸烟是在全球范围内蔓延泛滥的“不良行为流行病”。国内外许多科学家、有识之士将吸烟视为“现代瘟疫”。

吸烟不良行为习惯的形成多始于青少年期。我国对50万人的吸烟情况调查表明：男性开始吸烟的年龄在15～24岁之间者超过70%。近年来，我国青少年及妇女吸烟又有上升的趋势。吸烟危及健康，吸烟等于慢性自杀。青少年应自觉做到不吸烟。

张人骏等《健康心理学》第一版　知识出版社　1992年

人格异常的类型

根据美国精神医学会1987年出版的心理异常诊断与统计手册第三次修订版，人格异常（personality disorder）一类之内，包括以下11种：

1. 妄想型人格异常（paranoid personality disorder）：患者对事多怀疑，对人不信任，重视自己的身份地位，如有过失则归咎于别人，无法与人合作，生活适应困难。

2. 分离型人格异常（schizoid personality disorder）：患者

性格孤独，感情冷淡，缺少与人相处的兴趣与能力，因而无法与人建立亲密关系，社会适应困难。

3. 分裂型人格异常 (schizotypal personality disorder)：患者的症状较前述分离型严重，除性格孤独与人隔离之外，兼有精神分裂症患者知觉扭曲与思想紊乱等特征。

4. 戏剧型人格异常 (histrionic personality disorder)：患者人格表现幼稚，情绪极不稳定，常为芝麻小事而过分计较，表现出喜怒无常的戏剧化反应。

5. 自是型人格异常 (narcissistic personality disorder)：患者人格表现幼稚，有强烈自我中心倾向，经常以夸耀自己的方式引人注意。自是型的人缺乏同理心，无法与人建立良好的社会关系。

6. 反社会型人格异常 (antisocial personality disorder)：患者一切言行纯以自我为中心，不遵守社会规范，不重视别人权利，是一种损人利己的异常性格。

7. 边缘型人格异常 (borderline personality disorder)：患者情绪困扰的程度较其他人格异常类型严重，其症状也较复杂，是介于神经症与精神病之间的一种心理异常，故以“边缘”名之。

8. 回避型人格异常 (avoidant personality disorder)：患者对人际关系过度敏感，冀求别人接纳，生怕遭人拒绝伤及自尊，因而在矛盾的心情下回避参与本想参与的社会活动。

9. 依赖型人格异常 (dependent personality disorder)：患者性格幼稚，凡事依赖别人的帮助与支持；如不得已独行其是时，就会感到极大的恐惧。

10. 强迫型人格异常 (compulsive personality disorder)：患者性格固执，言行僵化，处事墨守成规，不知通权达变，对变动之生活情境及复杂的人事关系，均不能有效适应。

11. 被动攻击型人格异常（passive-aggressive personality disorder）：患者性格矛盾而懦弱，常以被动而又间接的方式表达其带有恨意的攻击性行为；对上级表面唯唯诺诺，对责任推脱敷衍，甚至在暗中向对方攻击破坏者，即属此种性格。

张春兴《现代心理学》第一版　上海人民出版社　1994 年

第十二章　社会心理

［**本章重点**］

1. 什么是人际关系？建立良好人际关系的条件有哪些？
2. 什么是团体？团体有什么心理特征？
3. 如何提高运动团体的凝聚力？

第一节　社会交往

人作为社会的一员，其本质是一切社会关系的总和。人不能脱离社会环境而离群索居，彼此间总是有交流的需要，这既是人类社会实践的一个重要方面，又是个性形成的必然途径。

一、交往概述

（一）定义

交往是人们为了相互传递思想、表达感情、协调行动而实现的信息沟通过程。

交往是人类社会特有的社会现象，也是人存在的基本方式。人们在交往中相互影响，形成种种社会态度及人际关系，建立并维持某些行为准则，倘若没有这些，社会就不能正常运转，也不可能正常存在及发展。

人类的交往最早是在劳动中进行的。人们在劳动过程中的互助与合作，一方面由于物质的交往满足着人们生存的需要，另一方面则由于感情沟通的精神交往，使人免除能力不足造成的孤独感、自卑感，获得归属与自尊。

研究表明，积极、友好的交往有助于提高个人的社会适应能力，更好的发展个性，保持心理卫生与健康。消极、敌对的交往则容易破坏人的心理平衡，造成心理冲突，严重者还会导致行为越轨、人格变态，是应尽量避免的。

（二）形式

交往主要分两种形式：

1. 言语交往

这是凭借语言进行的，又可分口头交往与书面交往两种。

口头交往灵活、速度快、反馈及时，书面交往的优点则是易于保存。两者之结合效果是最好的。研究表明，言语交往主要用于传递消息、表达评价性信息。

2. 非言语交往

这主要是通过面部表情、手势、体态等手段进行的。它往往伴随言语交往进行，其特点是生动、充实，但欠准确，它主要传递鼓励性信息，很少用于评价。

（三）影响交往的条件

1. 社会因素

这主要指个人的社会地位以及交往团体的组织结构。

人们的社会背景和经历不同，沟通信息的效果就大不一样，例如，对同一场足球赛的评论，名教练、专家传递的信息往往易于使人接受，而作为一普通球迷的看法则很难使人重视和接受。

另外，交往群体层次过多，信息经过层层传递，往往容易走样甚至歪曲，妨碍正常沟通。

2. 文化水平

这里主要指交往者受教育程度及语言修养水平。交往中，若语言的基本水准有问题，一方面表达不准确，欠清楚，另一方面领会失误，或误解曲解，或断章取义，都会造成交往的困难。

3. 个体心理特点

一个人的需要、动机、兴趣、爱好、价值观不同，以及经验、智力的差异，对交往中信息的理解、沟通也是反应不同的。在法院的法庭辩论中我们常可以观察到，有些人在交往中总是从大处着眼，明辨是非，而有些人则是纠缠细节，颠三倒四，这是认识水平与思想修养问题。而在班级或运动队的讨论会中，有的人积极发言，滔滔不绝，而另一些人总是洗耳恭听，羞于开口，这是性格内外向的差别。

二、人际关系

（一）定义

人际关系是人与人在交往中形成的情感倾向与心理距离。它反映了人们在交往中需要满足的状况。有些人在交往中彼此接近，怀有好感，日渐亲密；而有些人在交往中则彼此敷衍，心怀厌恶，日渐疏远，甚至绝交。

研究表明，人际关系有三个相互联系的组成部分。

对人与人之间关系的感知、理解、评价是其基础成分。对人与人之间关系的情绪敏感性、满意程度及情感的深刻性，是其最主要的成分，关系常由此而选择。对人与人之间行为、举止的观察与评价是其操作性成分。

（二）影响人际关系建立的因素

1. 社会知觉

是主体对社会环境中有关人或团体的整体反映。与一般知觉所不同的是在社会知觉中，主体的经验等主观因素比感知到的客观因素要多得多。

研究表明，在对人的社会知觉中，初次见面由仪表、风度等因素造成的“第一印象”特别深刻。若是印象好，常会以偏代全，过分美化优点，甚至爱屋及乌，造成“月晕效应”。另外，过去的经验也可能给主体造成一种先入为主的观念，先有一种固定看法，障碍正常的认知，例如认为推销员都是不诚实的，由此造成刻板现象。

2. 自我认知

人不仅是认识世界的主体，同时也是被自己认识的客体，对自己的认知，决定我们的基本社会态度及行为规范。有些人缺乏自知之明，自视过高，在建立人际关系的过程中常常事与愿违，不能得到对方良好的评价。另外，来到一个陌生的环境，不了解具体的风俗礼仪，不了解某种行为在特定场合的含义，错误理解，错误反应，亦是要闹笑话、影响人际关系建立的。

（三）建立良好人际关系的条件

1. 人际间的吸引

人际间吸引的原因是众多的，常见的有以下三个方面。

（1）相似性吸引

主要指人们在个性、特别是个性倾向性中的需要、兴趣、态度、价值观等方面的相似性，由此引起认识上的共同感及思想上的共鸣，致成密切、友好的关系。

（2）补偿性吸引

这主要指需求的补偿，双方在交往过程中，由于互补而获得心理满足。研究表明，两人相处，虽然有很大差距，但彼此却发现有所补益，尽管都有所失，更都感觉有所得，这种人际关系亦是可以密切的。这种情况，往往双方的认识水平起点都较高，都有反向求补的心态，进而相得益彰。

（3）外表的吸引

这是指容貌、仪态等方面的吸引。这在交往初期往往起着显著的作用，但随着时间的推移，此因素作用逐渐降低。仪表的吸引不仅仅取决于外貌的美，还包括外表的某种相似，这亦是易于招人喜欢、容易建立良好的人际关系的因素之一。

2. 时空上的接近

这往往是人与人之间彼此熟悉、加深了解的客观条件，这有两种情况：

（1）地理位置的接近

教室里座位邻近的同学、排球队中二传与主攻、办公桌靠拢的同事、邻居等等，由于空间位置上的接近，打交道的机会多，易于建立人际关系。

（2）交往的频率

有些工作，如老师与学生、教练与运动员、医师与护士、导演与演员，由于交往的次数多，频率高，容易有共同的经验与话题，易于建立密切的人际关系。

第二节　团体心理

人作为社会的一员，很少是孤立独处、万事不求人、不与别人打交道的。纵观社会历史、人类社会，不管是什么类型的，都是一个结构复杂的巨系统，作为社会成员的个人，不论其自身的情况如何，总是生活、依附于一定的“圈子”之中，既接受这些“圈子”的影响，同时又以个人的作为，影响着所属的“圈子”。

一、团体概述

（一）定义

所谓团体是由三个以上的人组成的相互作用、相互依存的人的聚合体。同属于一个团体的成员，彼此都能意识到其他成员的存在及影响，在行动上往往是相互作用的，大家都有“我们这一群”的团体意识和感受。各级各类学校中的班级，各种类型的运动队；一个机关的部、处、科、室；一个工厂的车间、班组……都是社会的一种团体。

团体中的人往往是一群。人群太大了彼此无法意识到对方的存在，也不可能都有相互作用，因此，仅有一群人，不一定都是团体。例如游泳池中的锻炼者，围观交通事故的一群看客等等。看来，作为团体的人群是有一定要求的。

（二）团体的特征

目前，社会心理学家研究较多的是学校班级、工厂班组、运动队等一类的团体，他们发现，这些团体有如下心理特征：

1. 有共同的目标，并为之奋斗、努力。这是最重要的，也是最基本的特点。

2. 各成员间能积极交往，协作配合，有明显的工作以及思想上的信息交流。

3. 各成员间有感情上的沟通，能够从团体中获得满足与归属的感受。

团体中的成员各自扮演着不同的社会角色，有关注团体活动内容的任务专家，也有致力于团体一体化的社交专家，全体成员在骨干的带领下，向着团体目标努力奋进。

（三）团体的类型

团体的分类标准很多，但最一般的分为两种：

1. 正式团体

这是由社会行政组织规定的团体。其成员的编制、权利、义务、责任都有明确分工。为了保证团体目标的实现，正式团体往往有统一的规章制度、明确的行为准则、一定的组织纪律。

正式团体的领袖往往是上级委派产生的，领袖的水平决定着团体的凝聚力及活动业绩。

2. 非正式团体

这是自发产生的非社会行政组织规定的团体。它往往是以共同的利益、爱好、友谊等等为纽带连结而成的。如行业帮会、球迷社团、同乡会、追星一族等等。这种团体没有明确的编制、责任、权利等的规定，活动的目的是为了其成员社会需求的满足。非正式团体往往看重感情的联络，有较强的凝聚力及排他性，其领袖是自然形成的。

非正式团体可以单独存在，但许多都存在于正式团体之中。研究表明，当两者目标一致时，非正式团体会促进正式团体的存在和发展；当两者目标不一致时，非正式团体就会妨碍正式团体的活动及发展．甚至起破坏作用，这是学校的班主任及运动队领导应引起重视的。

二、团体的形成

一个团体的形成，一般要经历四个阶段：

（一）探索期

初次聚集在一起的人，由于彼此缺乏了解，对新的团体环境也不熟悉，因此，其成员开始的交往，就带有相互探索的性质。大家对团体活动都有兴趣，希望通过增加接触来促进认识与了解，但由于彼此都不会很快地坦露真心，这时的团体活动缺乏明确一致的动力。

（二）同化期

通过前一个时期的接触，彼此有了较密切的交往，增加了了解，有了更多的共同语言。随团体活动的不断增加，团体成员的行为习惯、价值观念趋向一致，不仅有因任务目标的交往，同时也有了更多的感情联系。

（三）核心形成期

团体中一批有才干的人崭露头角，在活动中施展才能并获得大多数的信任与拥护，成为团体的骨干和核心，在他们的带动下，团体规范及活动准则逐渐完善。

（四）发展巩固期

核心使团体的凝聚力增强，团体意识的自觉性增高。各成员相互帮助，关心团体利益、爱护团体荣誉成为风尚，在各种社会活动中表现出团结一致的力量，获得较大的社会影响，各成员从团体中获得不断增加的满意感，不断增强的自豪感与归属感。由于核心的领导作用，由于各成员一致不懈的努力，团体创造出不断增高的社会价值。

三、团体对个人的影响

（一）社会助长作用

这是个人在团体其他成员在场的情况下提高活动效率的现象。例如，全班同学在教室里上自习，教室中的学习气氛使在场的每位同学受到感染，其学习效果就比独自在寝室学习要好得多。在运动比赛中，同伴的在场和关切也会激起比赛者的雄心，其结果一般也会比孤军奋战好得多。

（二）从众行为

这是指在团体作用下，个人放弃自己的意见追随大多数人的行为。它的实质是通过团体舆论及规范的压力改变个人的观念及活动。例如，一个运动队组织春游，有的人想去公园看花，但大多数人愿去郊外野炊，于是想去公园的人也就改变主意，随了大流。

从众行为受许多因素影响，团体越有声望和凝聚力、因情况不明而缺乏判断标准、团体内气氛紧张时，均容易发生从众行为。就个人而言，缺乏自信者、情绪不稳定者、重视社会秩序及权威者、易受暗示者，易于从众。

（三）社会虚度

这是一种在团体中，个人工作的努力程度比个人单独工作时下降的现象。这在运动团体中较为明显，例如，把100米跑的优秀运动员集中起来组成4×100米短跑接力队，研究发现，单独跑的成绩要优于接力跑时的个人成绩。

团体中社会虚度的产生，与各成员认识偏差导致动机水平下降有关，当成员的活动被认为对团体是重要的时、当成员的活动得到充分承认时，社会虚度现象将会减少。

四、运动团体的凝聚力

（一）定义

这是一种在运动团体中，促使其成员团结在一起为共同的目标而奋斗的动力。这种力量促使团体成员继续留在团体之中，对破坏团体的力量能进行针锋相对的抵抗。研究表明，个体之所以能被团体吸引有两个基本原因：一是在团体中他能与其他成员一起有效地工作，这是一种任务凝聚力；其次是在团体中他能与其他成员和谐相处，这是一种社交凝聚力。

研究表明，在大多数情况下，凝聚力与集体项目的成功呈正相关。

（二）影响凝聚力的因素

1. 个人因素

个体成员间态度、信念、动机越相似，团体的凝聚力就越强。队员相对稳定的运动队比队员频繁变化的运动队凝聚力更强。

2. 领导因素

研究表明，领导的民主型决策风格比专制型决策风格更有利于运动队凝聚力的形成和发展。运动团体总是以取得优异成绩为任务目标的，领导及时地阐明目标及达标策略，有助于凝聚力的发展。

3. 团体大小

一般来说，较小的运动团体在目标与策略上容易一致，成员间的交流也比较充分，其凝聚力、特别是任务凝聚力往往比较大的团体强。

4. 团体业绩

一般来说，成功会使运动团体的凝聚力增强，但失败的结果则很复杂，一般情况下容易引发相互埋怨，致使凝聚力减弱，但若是领导引导得法，变压力为动力，也有使凝聚力反而增强的。

［练习］

一、解释

交往　社会知觉　团体　凝聚力　社会虚度

二、填空

1. 交往主要有__________和__________两种形式。

2. 一个活泼开朗、爱说爱笑的学生却有一个性格内向、沉默寡言的好朋友，这是由__________形成的人际关系。

3. 运动队是____________________团体，球迷协会是____________团体。

4. 团体的形成一般要经历__________、__________、__________和________四个阶段。

5. 影响凝聚力的有__________、__________、________、________四种因素。

三、判断

1. 交往是指面对面的交流。

2. 坐在电影院里的观众不是一个团体。

3. 所谓人际关系就是人们之间的隶属关系。

4. 从众行为是放弃自己意见追随大家的行为。

四、应用题

1. 团体心理对你个人的学习训练有什么影响？

2. 回忆初中一要好的朋友，试分析他的种种人际关系。

[阅读材料]

社会测量法

研究团体结构的社会测量法是莫雷诺（Moreno）在1934年创立的。莫雷诺创立这种方法的本意是试图了解存在于团体成员间的感情模式，接受——排斥；喜欢——不喜欢，即以此来揭示团体成员之间的好感或厌恶。这种方法的好处或者说它的客观性在于，团体成员本人可能并没有意识到这些关系，而且也不清楚有没有这种关系。社会测量法的本质就在于研究询问团体成员的结果，向团体成员提出的任务是连续选择符合一定条件的人，而且可以提出不同的测量标准，即每个被试者应当回答的具体问题。例如，被试者首先愿意跟谁在一起工作、休息、旅行、做邻居等；其次愿意跟谁，再次愿意跟谁等。选择的结果可以用数学加以整理并用图（借助于社会测量的矩阵和团体分析图）表示出来。这样就可以显示出所谓社会测量的最受欢迎的人和最不受欢迎（不受欢迎者即受排挤与孤立）的人。上述方法是卓有成效的，因为应用这种方法就可以很快地揭示出任何团体内部的情绪倾向层次。当然，通过观察揭示图形中的人与人之间相容与排斥的关系需要一定的时间。

社会测量法并不能揭示出隐藏在倾向性行为背后的行为动机，所以这个任务就成为社会心理学的最重要任务。揭示人与人之间相互关系选择上的动机核心是什么，亦即要探讨与揭示为什么这个人能够与团体内某些成员产生情绪联系，而不与其他成员产生情绪联系的动机。测量法图形中所揭示的人与人之间相互关系的说明，必须借助于间接揭示人类行为动机的其他方法。在这些方法中，比较主要的方法是“参照测量”。借助于参照测量就可以揭示出在评定个性品质、行为方式、意见和定向方面对个体有意义的（参照的）人际范围。

参照测量法的实质与效用可以体现在以下两个方面：

首先，团体要执行实验者提出的相互评价的任务，把得到的所有的评价都置于标明被评价人的信封里，然后让被试了解在实验中对他作过评价的那些人的意见，但是被试只能从参加评价的三十至四十人中，挑选出三至四人。诚如假设的那样，在这种条件下，被试力求了解对他最有意义的人的意见，从而无意中发现对他具有参照意义的交际范围。

在非正式团体中，联合成一团体的首要条件就是所谓的团体相容。共同工作的或者一起生活的人们相容或不相容是社会心理学研究的迫切任务，在组编即将做长期独立航行的全体船员、宇宙飞船的全体航天人员的时候，就迫切地产生了这一问题。事实上，团体中心理的不相容，可能是由于组成团体成员间的趣味、兴趣、评价、气质、习惯完全不同所造成的。

团体相容的实验研究是借助于“同态调节器”这个专门仪器实现的。成功地使用同态调节器取决于整个团体的协调一致。如果研究的目的是揭示人与人之间关系中的相容，即揭示在完成共同生活中动作一致的指标，那么，用同态调节器和各种团体协调仪就可以达到目的，在一个短的时间内就可以分出具有高度协调一致指标的团体。这种仪器也可以显示在指定活动中承担管理和领导共同活动职能的领导者。

其次，在证明团体中个体的直接相互关系的参数中，可以指出团体内的受暗示程度，即表现为不随意地产生的个体顺从整个团体的意见和观点的无意识的定势（个人表面到内心同团体一致）。

林秉贤《社会心理学》495～497页　群众出版社　1986年

附录 I

课堂演示实验指南

演示 1 运动觉

（一）目的

通过运动觉感受性的测定，让被试体验运动觉，向全班演示运动觉现象。

（二）仪器

动觉方位辨别仪，该仪器由半圆仪和鞍座构成，鞍座的一端放在半圆仪圆心处轴上，鞍座可随意地沿轨迹摆动，摆动的幅度可以从半圆刻度读出。

（三）程序

1. 被试站在仪器前，主试将被试前臂放在鞍座上，将排除视觉的被试前臂摆动一定角度。
2. 被试感到前臂摆动幅度后进行复制，主试报出误差。

（四）讨论

1. 什么是运动觉？
2. 为什么闭目能完成一定的动作？

演示 2　短时记忆转化为长时记忆的条件

（一）目的

通过实验演示，让学生理解短时记忆转化为长时记忆的条件。

（二）仪器

秒表一块。

（三）程序

1. 指导语：“我给你一个由 3 个辅音字母组成的无意义音节，例如 CQT，18 秒后报告。”

2. 正式实验：主试给被试一个无意义音节，一念完音节就开始计时，18 秒后被试报告音节。

3. 指导语：“我给你一个无意义音节后，你马上任意报一三位数，例如，306，要求连续减 3，答案正确，速度为1 个/秒。18 秒后把所给的音节读出来。”

4. 正式实验：主试给被试一个新的无意义音节，令被试立即报数（数字不得提前公布），18 秒后被试报告音节。

（四）讨论

为什么第一个实验被试能讲出音节，而第二个实验则不能？

演示 3　发散性思维

（一）目的

通过发散性思维的测试，使学生理解发散性思维的主要特性。

（二）材料

自编发散性思维测试题。

（三）程序

1. 指导语："我给你出一道功用性题目，你讲出它的用途，越多越快越好，但不能重复。"

2. 主试公布题目，如"砖有什么用途？"同时计时，请学生助手记录。

（四）结果

根据流畅性、变通性和独特性来评定被试的发散性思维。

演示 4　动作稳定性测定

（一）目的

通过演示实验，测量简单动作的稳定性，检验情绪对动作的影响。

（二）仪器

九孔仪动作稳定器一架。

（三）程序

1. 预备实验：被试手拿测试电笔，手臂悬空，电笔与动作稳定器表面垂直，先练习几次。

2. 指导语："我说开始时，你用电笔尖端按洞的大小顺序依次插入，注意笔尖插入洞内和抽出时都不能碰洞壁（蜂鸣器会响），每洞有 3 次机会。本实验指标是在 15 秒内能通过最小洞的直径。"

3. 正式实验：

①测量安静情况下的成绩。

②故意制造紧张气氛，测量成绩。

（四）讨论

不同的情绪状态，动作稳定性有什么变化？

演示 5　双耳分听

（一）目的

1. 验证注意的概念。

2. 证明没有注意参与，认识过程无法进行。

3. 证明同时注意同一器官的不同活动难以实现注意分配。

（二）器材

放音机两架，磁带两盘（A 盘录一则民间故事，B 盘录新闻报道，各为相同的几分钟）。

（三）程序

1. 如附图，安排组织好参加实验的人员（一名被试和两名负责监听的助手）。

2. 通过耳机同时给被试左右两耳播放两种不同内容的录音，左耳播放一则民间故事，右耳播放一则新闻报道，要求被试倾听并大声复述左耳听到的声音，播放完让被试说出右耳听到的声音。

3. 请监听的助手证明给被试右耳同时播放的新闻报道。

（四）讨论

为什么被试对新闻报道几乎是一无所知？

附图　双耳分听演示实验示意图

附录 II

主要参考文献

1. 体育运动学校《心理学》教材编写组编：《心理学》
人民体育出版社　1992 年第二版
2. 梁承谋：《普通心理学》
中国三峡出版社　1996 年第一版
3. 姚家新：《竞赛心理咨询与心理训练》
人民体育出版社　1995 年第一版
4. 孟昭兰：《普通心理学》
北京大学出版社　1994 年第一版
5. 王振宇：《心理学教程》
人民教育出版社　1994 年第二版
6. 王惠民等：《心理技能训练指南——教练员运动员实用手册》
人民体育出版社　1992 年第一版
7. 张人骏等：《健康心理学》
知识出版社　1992 年第一版
8. 黄希庭：《心理学导论》
人民教育出版社　1992 年第一版
9. 叶奕乾等：《普通心理学》
华东师范大学出版社　1991 年第一版
10. 彭聃龄：《普通心理学》

北京师范大学出版社　1988 年第一版
11. 许政援等：《儿童发展心理学》
吉林人民出版社　1984 年第一版
12. 四川人民广播电台科教组编：《儿童心理浅说》
四川人民出版社　1980 年第一版
13. 曹日昌：《普通心理学》
人民教育出版社　1963 年第一版